Das Krippen kinder spielspaß buch

W0109829

Lorelies Singerhoff/Martin Stiefenhofer

Das Krippen kinder spielspaß buch

Mit Musik-CD
von Hartmut E. Höfele

Illustrationen
von Maryse Forget

HERDER
FREIBURG · BASEL · WIEN

Im Interesse der besseren Lesbarkeit und weil Frauen in frühpädagogischen Berufen prozentual stärker vertreten sind als Männer, wird in diesem Buch stets die Leserin angesprochen und auch meist die weibliche Form verwendet, wenn von pädagogischen Fachkräften die Rede ist. Selbstverständlich sind damit aber immer Leser und Leserinnen bzw. männliche und weibliche Fachkräfte gleichermaßen gemeint.

Wir danken den Verlagen und Rechteinhabern für die Erteilung der Abdruckgenehmigungen.
Bei einigen Texten/Liedern war es trotz gründlicher Recherchen nicht möglich, die Inhaber der Rechte ausfindig zu machen.
Honoraransprüche bleiben bestehen.

© Verlag Herder GmbH, Freiburg im Breisgau 2014
Alle Rechte vorbehalten
www.herder.de

Umschlaggestaltung: RSR Design Reckels & Schneider-Reckels, Wiesbaden
Umschlag- und Textillustrationen: Maryse Forget, Lahr
Satz und Gestaltung: typopoint GbR, Ostfildern

Herstellung: Graspo CZ, Zlín
Printed in the Czech Republic

ISBN 978-3-451-32771-1

Inhalt

Finger- und Krabbelspiele

1

Krabbel- und Fingerspiele gehören zum festen Alltagsprogramm von Kindern. Schon die Kleinsten sind fasziniert. Sie erkennen Vertrautes und Bekanntes sofort wieder. Wiederholende Spiele, kleine Rituale vermitteln Verlässlichkeit und Geborgenheit und üben damit einen positiven Einfluss auf das allgemeine Wohlbefinden und die Entwicklung des Kindes aus.

Bei Kindern unter drei Jahren entwickeln sich besonders die Feinmotorik und die Geschicklichkeit der Finger. Parallel dazu verläuft die Sprachentwicklung. Das Kind bildet Silbenketten, ahmt Laute nach, spricht die ersten Wörter und schließlich ganze Sätze. Zwischen der motorischen und der sprachlichen Entwicklung des Kindes besteht ein enger Zusammenhang. Fortschritte im kindlichen Bewegungsverhalten beeinflussen die Sprachfähigkeit und die Intelligenz.

Im Alter von zwei und drei Jahren können Kinder die Verse schon selbst aufsagen und neue Wörter dazu erfinden. Dabei kommt es ihnen nicht so sehr auf den Inhalt an, sondern auf den Sprachrhythmus, die Klangfarbe der Wörter und die lustigen Endreime.

Fingerspiele aktivieren die sinnliche Erlebniswelt der Kinder. Sie genießen die vertrauten Bewegungen, die Scherze, die unerwarteten Wendungen, das Auf- und Absteigen der Stimme, das Flüstern, das Ankuscheln, die Sicherheit und den vertrauten Geruch. Der Körperkontakt in dieser Lebensphase spielt eine große Rolle. Während das Kind wieder und wieder die Spiele erprobt, reifen seine Gehirnbahnen, Nerven und Muskeln und legen so den Grundstein für eine gesunde Entwicklung.

Geben Sie dem Kind so oft wie möglich die Gelegenheit dazu und spielen Sie dabei mit: Berühren Sie mit Ihren Fingern Füße, Beine, Bauch, Arme und das Gesicht des Kindes.

Die Kinder haben riesigen Spaß und lernen etwas über sich, ihre Umwelt, über Sprache und Bewegung – und dass sie geliebt werden.

Bei den folgenden Spielen ohne Beschreibung werden alle Finger einer Hand nacheinander berührt. Dabei wird vorgeführt, welcher Finger welche Aufgabe hat, mit dem Daumen wird begonnen.

Daumen bück dich

Track 10
00:15

Daumen bück dich,
Zeigefinger streck dich,
Mittelfinger dreh dich,
Ringfinger heb dich,
Kleiner duck dich.

Das ist der Daumen

Track 1
00:17

Das ist der Daumen,
der schüttelt die Pflaumen,
der sammelt sie auf,
der trägt sie nach Haus,
und der kleine Schelm
isst sie alle auf.

Der ist ins Wasser gefallen

Track 9
00:25

Der ist ins Wasser gefallen,
der hat ihn rausgeholt,
der hat ihn heimgebracht,
der hat ihn ins Bett gesteckt,
und der Kleine
hat ihn wieder aufgeweckt.

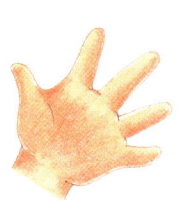

Aus: Allerleirauh – Viele schöne Kinderreime. Versammelt von Hans Magnus Enzensberger.
© Suhrkamp Verlag, Frankfurt am Main 1961.

Backe, backe Kuchen

Track 37
00:52

Backe, backe Kuchen,
der Bäcker hat gerufen.
Wer will guten Kuchen backen,
der muss haben sieben Sachen:
Eier und Schmalz,
Butter und Salz,
Milch und Mehl,
Safran macht den Kuchen gehl.
Schieb, schieb in 'n Ofen rein.

Backe, backe Kuchen,
der Bäcker hat gerufen.
Hat gerufen die ganze Nacht,
(Name des Kindes einsetzen) hat keinen Teig gebracht,
kriegt auch keinen Kuchen.

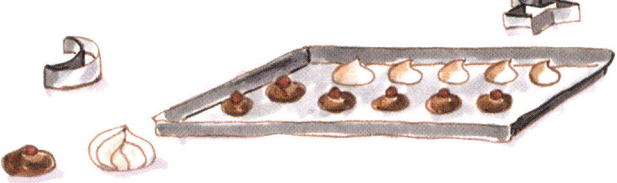

Backe, backe, backe,
das Mehl hol aus dem Sacke,
die Eier aus dem Neste,
unserm Kindlein nur das Beste.

Dazu im Rhythmus mit den Händen klatschen.

Da droben auf dem Berge

Track 51
00:36

Da droben auf dem Berge
da ist der Teufel los,
da zanken sich fünf Zwerge
um einen dicken Kloß.
Der erste will ihn haben,
der zweite lässt ihn los,
der dritte fällt in 'n Graben,
dem vierten platzt die Hos',
der fünfte schnappt den Kloß
und isst ihn auf mit Soß'!

Schweinchen Fett und Schweinchen Dick

Schweinchen Fett und Schweinchen Dick
blieben heut' allein zurück.
Hinterm Tore warten sie
auf ihr Futter – satt sind sie nie.

Schweinchen Fett und Schweinchen Dick
recken sich ein ganzes Stück
an dem Tore in die Höh'.
Noch kein Futter da – o weh!

Schweinchen Fett und Schweinchen Dick
ziehen traurig sich zurück.
Doch da öffnet sich das Tor
und sie rennen schnell hervor.

Schweinchen Fett und Schweinchen Dick,
welche Wonne, welches Glück!
Seht, ein voller Trog, haha,
steht mit saft'gem Futter da.

Schweinchen Fett und Schweinchen Dick
in dem nächsten Augenblick
stürzen sie zum Troge hin –
plumps –, da liegen beide drin!

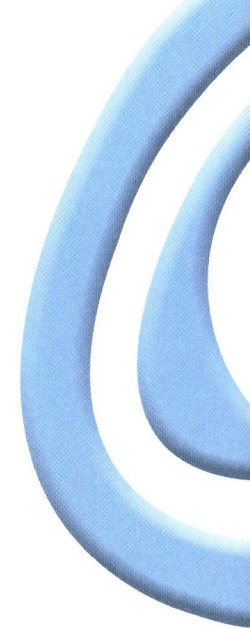

Die Daumen strecken sich aus der Faust in die Höhe und stellen sich nacheinander durch Nicken als Schweinchen vor. Die anderen Finger der Hand bilden jetzt ein Tor, wobei die Hände senkrecht vor dem Körper gehalten werden. Die Fingerspitzen berühren sich dabei. Die Daumen schauen heraus. Die Hände behalten ihre Stellung bei, rücken jedoch etwas nach oben. Nun verschwinden die Daumen hinter den Handflächen. Das Tor öffnet sich, indem die Handflächen nach außen aufklappen. Die Daumen schauen wieder aus der Faust heraus und machen kreisende Laufbewegungen. Dann nicken die Daumen fröhlich und wir klatschen in die Hände. Die Finger schließen sich wieder zur Faust, die Schweinchen gucken raus und rennen schnell. Plumps – die Daumen verschwinden in der Faust.

Einen Taler in der Hand

Track 34
00:23

Einen Taler in der Hand,
kannst dir kaufen Sand und Land,
Haus und Hof und Pferd und Kuh
und ein kleines Schwein dazu.

Dabei wird mit den Fingerspitzen rhythmisch in die geöffnete Hand des Kindes geklopft.

Da hast 'nen Taler

Track 59
00:19

Da hast 'nen Taler,
geh auf den Markt,
kauf dir 'ne Kuh
und ein Kälbchen dazu,
das Kälbchen hat ein Schwänzchen,
dideldideldänzchen!

Bei „Schwänzchen" wird am kleinen Finger des Kindes gezogen und in der Hand gekrabbelt.

Ich bin der Dicke

Track 7
00:22

Ich bin der Dicke,
ich bin der Zeiger,
ich bin der Lange,
ich bin der Ringelmann,
und ich bin der Kleine,
der Bi-Ba-Butzemann,
der alles weiß und alles kann.

Zehn kleine Zappelmänner

Zehn kleine Zappelmänner
zappeln hin und her,
zehn kleinen Zappelmännern,
fällt das gar nicht schwer.

Zehn kleine Zappelmänner
zappeln auf und nieder,
zehn kleine Zappelmänner
tun das immer wieder.

Zehn kleine Zappelmänner
zappeln rund herum,
zehn kleine Zappelmänner
finden das nicht dumm.

Zehn kleine Zappelmänner
spielen mal Versteck,
zehn kleine Zappelmänner
sind auf einmal weg.

Mit Händen und Fingern werden die in den Versen beschriebenen Bewegungen in der Luft oder auf der Tischplatte nachgeahmt. Je schneller die Zappelmänner zappeln, desto lustiger ist das Spiel. Zum Schluss, beim Verstecken, werden die Hände zu Fäusten geballt und verschwinden dann ganz hinter dem Rücken.

11

Großmutters Brille

Track 33
00:32

Großmutter konnt' nicht sehen
beim Lesen und beim Nähen.
Drum kauft' sie in der Stille
sich eine gute Brille
mit dicken Scheiben Glas,
die setzt' sie auf die Nas'.
Nun konnt' sie wieder sehen
beim Stricken und beim Nähen,
beim Schreiben und beim Lesen,
da ist sie froh gewesen.

Die „Großmutter" kneift die Augen zusammen und stellt mit den Handflächen ein Buch dar, das sie nahe vor das Gesicht hält. Ebenso wird das Einfädeln beim Nähen dargestellt. Die Brille wird mit beiden Händen dargestellt, indem sich jeweils Daumen und Zeigefinger zu einem Kreis schließen. Die Brille wird wohlgefällig betrachtet und dann auf die Nase gesetzt. Nun kann die Großmutter gut sehen und muss die folgenden Tätigkeiten nicht mehr dicht vor den Augen ausführen. Durch entsprechende Bewegungen von Daumen und Fingerspitzen wird das Stricken imitiert. Eine Handfläche stellt den Stoff dar, in dem auf und ab mit einer imaginären Nadel genäht wird. Beim Schreiben ist eine Handfläche das Papier, während die anderen mit einem unsichtbaren Bleistift schreibende Bewegungen nachahmt. Die Haltung beim Lesen wird wie zu Anfang wiederholt, nur werden die Hände diesmal nicht so nahe an die Augen gehalten. Zum Schluss klatschen alle froh in die Hände.

Der ist in den Busch gegangen

Track 12
00:20

Der ist in den Busch gegangen,
der hat den Hasen gefangen,
der hat ihn heimgebracht,
der hat ihn gebraten,
und der Kleine hat's verraten.

Fang den Daumen

Fang den Daumen, 1, 2, 3.
Das ist lustig, hei juchei.
Doch nun lass ihn, still und leise,
drehen sich herum im Kreise.
Und nun wünsch ihm gute Ruh,
andre Finger, deckt ihn zu!

Die linke Hand fängt den rechten ausgestreckten Daumen.
Mit gefangenem Daumen wackeln.
Hände mit umfassten Daumen im Kreis herum drehen.
Daumen streicheln.
Daumen in die Handfläche legen und andere Finger darüber legen.

Igelspiel

Track 30
00:17

Da ist ein Spiegel.
Da kommt ein Igel.
Der schaut in den Spiegel
und sagt:
Oh! In dem Spiegel
ist ja auch ein Igel!

Flache Hand aufrecht halten.
Gespreizte andere Hand kommt
aufrecht und wackelt mit den
Stacheln. Die flache Spiegelhand
wird zum Igel gespreizt und wackelt als Spiegelbild mit.

Aus: Minitheater – Fingerspiele und Spielgedichte. Friedl Hofbauer.
© G&G Verlagsgesellschaft mbH, Wien 2007

13

In der Küche auf dem Tisch

Track 25
00:37

In der Küche auf dem Tisch
steht ein Töpfchen Milch ganz frisch.
Kätzchen will sich daran laben,
von der guten Milch was haben.
Steckt das Köpfchen in das Töpfchen,
trinkt und trinkt, o weh,
denn das Köpfchen, ach, das Köpfchen
will nicht wieder in die Höh'.
Mit dem Töpfchen auf dem Köpfchen
läuft das Kätzchen in den Schnee.

Eine Hand ist die Tischplatte und wird, mit der Innenfläche nach oben, vor den Körper gehalten. Die andere Hand wird als imaginäres Töpfchen daraufgestellt, die Finger bilden einen Hohlraum. Nun wird die Tischplatte weggezogen und der Zeigefinger stellt das Kätzchen dar, das sein Köpfchen in das Töpfchen steckt, um zu trinken. Nun kommt es nicht mehr heraus und zieht und zieht. Das Töpfchen hüpft dabei auf und ab. Als alles nichts nützt, läuft das Kätzchen mit dem Töpfchen auf dem Köpfchen auf den vier freien Fingern fort.

Der Dicke ist am Fußballplatz

Track 29
00:27

Der Dicke ist am Fußballplatz,
der Dünne auf der Piste.
Der Lange sucht sich einen Schatz,
der Kurze kriecht in die Kiste.
Der Kleinste, der ist ganz allein,
da fängt er plötzlich an zu schrein:
Bäh!

Eine Hand schließt sich, Finger um Finger, zur Faust, nur der Kleinste bleibt stehen.

Himpelchen und Pimpelchen

Track 18
00:42

Himpelchen und Pimpelchen
saßen auf einem Berg.
Himpelchen war ein Heinzelmann,
und Pimpelchen war ein Zwerg.
Sie blieben lange oben sitzen
und wackelten mit den Zipfelmützen.
Doch nach fünfundsiebzig Wochen,
sind sie in den Berg gekrochen.
Dort schlafen sie in tiefer Ruh.
Psst! Sei mal still und hör mal zu –
Chrrrrrrr …

*Die beiden Zeigefinger sind Himpelchen
und Pimpelchen und führen die im Vers
genannten Bewegungen aus. Wenn sie in
den Berg kriechen, verschwinden die Finger
in den geballten Fäusten.*

Der Daumen backt heut' Apfelkuchen

Der Daumen backt heut' Apfelkuchen.
Der hier *(Zeigefinger)* will ihn gleich versuchen.
Der lange *(Mittelfinger)* nimmt ein großes Stück
und der hier *(Ringfinger)* nimmt sich auch was mit.
Und der klitzekleine Zwerg kriegt ein Bäuchlein wie ein Berg.

Als Sprechvers aufzusagen.
Die entsprechenden Finger werden dabei hoch gezeigt.

15

Alle meine Fingerlein

Alle meine Fingerlein wollen einmal Tiere sein:
Dieser Daumen, dick und rund, ist der alte Schäferhund.
Zeigefinger ist der Ziegenbock mit dem langen Zottelrock.
Mittelfinger ist die bunte Kuh, die macht immer muh, muh, muh.
Ringfinger ist das stolze Pferd, von dem Reiter wohlgenährt.
Und das kleine Fingerlein soll einmal ein Schäfchen sein.
Tiere laufen, hopp, hopp, hopp, laufen im Galopp, Galopp.
Laufen in den Stall hinein, denn es wird bald Abend sein.

Dieses Fingerspiel kann als Sprechvers gespielt werden, indem die entsprechenden Finger hoch gezeigt werden. Es lässt sich jedoch auch ausbauen, indem man kleine Fingerpuppen mit den genannten Tieren bastelt und auf die Fingerspitzen setzt. Zum Schluss verschwinden sämtliche Tiere auf der Hand in einem „Stall", so dass sie nicht mehr zu sehen sind.

Es sitzen da zwei Hasen

Track 19
00:20

Es sitzen da zwei Hasen
im grünen Gras,
der eine sagt zum andern:
Weißt du was –
wir wackeln mit den Ohren
nur so zum Spaß!

*Fingerspiel für zwei Hände.
Zeige- und Mittelfinger werden
als Hasenohren hochgestellt,
die anderen Finger zur Faust
geschlossen.*

Variationsmöglichkeit:
Zwei Kinder benutzen jeweils
eine Hand.

Aus: Minitheater – Fingerspiele und Spielgedichte. Friedl Hofbauer.
© G&G Verlagsgesellschaft mbH, Wien 2004

Der kleine Bi-Ba-Butzemann

Track 5
00:38

Die fünf Finger, die schlafen fest,
wie fünf Vöglein in einem Nest.
Sie schlafen die ganze Nacht,
erst am Morgen sind sie erwacht:
Zuerst der Vater,
dann die Mutter,
dann der Bruder,
dann die Schwester,
und zuletzt der kleine
Bi-Ba-Butzemann.

*Die Faust auf den Tisch legen, dann die Finger einzeln
aus der Faust lösen und hoch strecken. Mit dem Daumen als Vater beginnen.
Anfangs, so lange die Fingerfamilie noch schläft, wird flüsternd gesprochen.*

Der sagt: „Es regnet!"

Track 14
00:36

Der sagt:
„Es regnet, da werde ich nass."
Der sagt:
„Es regnet, das ist kein Spaß."
Der sagt:
„Es regnet, da geh' ich nicht raus."
Der sagt:
„Es regnet, da bleib' ich zu Haus."
Der sagt:
„Es regnet, doch ich will nicht warten
und geht unterm Schirm in den Kindergarten."

*Vier Finger einer Hand werden nacheinander vorgezeigt.
Der Daumen beginnt.
Die Finger schließen sich wieder zur Faust, nur der kleine Finger bewegt sich fröhlich.
Er erhält durch die gewölbte Handfläche der anderen Hand einen Regenschirm.*

17

Kinne Wippchen

Track 78
00:13

Kinne Wippchen,
rote Lippchen,
Stuppelnäschen,
Augenbräunchen,
zupf, zupf, zupf mein Härchen!

Das Kind am Kinn krabbeln,
über die Lippen streicheln,
die Nase sanft berühren, daran zupfen,
die Augenbrauen berühren und sanft an den Haaren zupfen.

Steigt ein Büblein auf den Baum

Track 45
00:22

Steigt ein Büblein auf den Baum,
ei, wie hoch, man sieht es kaum!
Hüpft von Ast zu Ästchen,
schlüpft zum Vogelnestchen.
Ui, da lacht es!
Bums, da kracht es!
Plumps, da liegt es unten!

Die Finger klettern am Arm des Kindes hoch und hüpfen von
Schulter zu Schulter. Das Vogelnest wird mit den Händen
geformt, bei „Ui, da lacht es!" wird in die Hände geklatscht
und zum Schluss werden die Hände auf die Oberschenkel
geklatscht. Das Spiel kann auch mit einem Baby gespielt
werden. Halten Sie das Kind unter den Achseln fest und las-
sen Sie es an Ihrem Körper hochklettern. Stellen Sie es mal auf
Ihre rechte, mal auf die linke Schulter und auf Ihren Kopf.
Bei „Plumps" rutscht es sanft in Ihre Arme zurück.

Erst kommt der Sonnenkäferpapa

Track 46
00:39

Erst kommt der Sonnenkäferpapa,
dann kommt die Sonnenkäfermama.
Und hinterdrein, ganz klitzeklein,
die Sonnenkäferkinderlein.
Sie haben rote Röckchen an,
mit kleinen schwarzen Punkten dran.
So machen sie den Sonntagsgang,
auf unsrer Gartenbank entlang.
Erst kommt der Sonnenkäferpapa,
dann kommt die Sonnenkäfermama.
Und hinterdrein, ganz klitzeklein,
die Sonnenkäferkinderlein.

Der Daumen läuft über den Tisch.
Der Zeigefinger folgt. Mittel-, Ring- und
kleiner Finger folgen.
Am Arm des Kindes hochkrabbeln.
Auf der Schulter des Kindes ankommen.
Daumen auf den Kopf des Kindes legen.
Der Zeigefinger folgt. Mittel-, Ring- und kleiner Finger folgen.

Da geht einer

Track 38
00:30

Da geht einer, da steht einer, da kniet einer,
da legt er sich auf die Wiese hin.
Ui – da zappelt einer,
weil's auf der Wiese krabbelt –
„Ameisen!" schreit einer,
und springt auf und rennt,
rennt, rennt, rennt
und will sich bei dir verstecken.

Zeige- und Mittelfinger krabbeln über den Arm des Kindes zum Hals hoch und verstecken
sich im Haar des Kindes.

Aus: Minitheater – Fingerspiele und Spielgedichte. Friedl Hofbauer.
© G&G Verlagsgesellschaft mbH, Wien 2004

19

Da kommt die Maus

Track 23
00:15

Da kommt die Maus.
Da geht sie die Treppe hinauf.
Klingelingeling!
Ist die/der *(Name des Kindes einsetzen)* zu Haus?

*Mit Zeige- und Mittelfinger über den Arm
des Kindes bis zum Ohrläppchen hochlaufen
und daran ziehen (klingeln).*

Wo ist deine Nase?

Ein altes Spiel mit kleinen Kindern. Man ergreift sanft mit dem gekrümmten Zeige-
und Mittelfinger die Nase des Kindes und führt eine rasche Drehbewegung aus. Dann
steckt man den Daumen zwischen die beiden Finger und zeigt dem Kind den Daumen,
so dass es den Fingernagel nicht sieht. Dabei fragt man: „Wo ist deine Nase?" Kündigen
sich Tränen an, muss die „Nase" ganz schnell wieder „angeklebt" werden.

In unserem Häuschen

Track 31
00:18

In unserem Häuschen
sind schrecklich viele Mäuschen.
Sie trippeln und trappeln
und zippeln und zappeln.
Und will man sie fangen –
husch, sind sie weg.

*Die Finger sind die Mäuschen und klettern die Beine des
Kindes hoch bis zum Kopf und kitzeln das Kind. Wenn man
sie fangen will, trippeln sie noch aufgeregter und „husch, sind sie weg".
Dabei verschwinden die Hände blitzschnell hinter dem Rücken.*

Krabbel, krabbel Mäuschen

Track 35
00:21

Krabbel, krabbel Mäuschen,
jetzt schlüpf' ich in mein Häuschen.
Krabbel, krabbel Maus,
jetzt komm' ich heraus.
Ich sehe mir mein Kindchen an,
ob es nun wieder lachen kann.

Dabei mit den Fingern über den Körper des Kindes marschieren.

Kommt eine Maus

Track 39
00:15

Kommt eine Maus,
die baut ein Haus,
kommt eine Mücke,
die baut 'ne Brücke,
kommt ein Floh
und der macht so!

Am Handgelenk des Kindes krabbeln
und langsam den Arm hinaufkrabbeln.
Zum Schluss plötzlich auf die Nase
des Kindes springen und sie kitzeln.

Komm her, mein Bärchen

Track 73
00:26

Komm her, mein Bärchen,
ich streichle deine Härchen,
komm her, mein Schneckchen,
ich streichle deine Bäckchen,
komm her, mein kleiner Hase,
ich streichle deine Nase,
komm her, mein kleiner Hund,
ich streichle deinen Mund.

Körperspiele

2

Noch immer gehören Spiele mit Körpereinsatz zu den schönsten Vergnügungen für Kinder unter drei Jahren. Das Kind wird z. B. auf die Knie gesetzt, an den Händen gehalten und im Sprachrhythmus gewiegt. Bei vielen Spielen lässt man das Kind mit den letzten Worten weit nach hinten fallen und hält es dabei gut fest.

Ab dem zweiten Halbjahr brauchen Kinder beim Spielen etwas mehr Bewegung. Krabbeln Sie doch mal auf allen vieren um die Wette. Einmal fangen Sie das Kind, das andere Mal darf es Sie erwischen. Wenn es bereits sicher stehen und laufen kann, können Spiele mit vollem Körpereinsatz das Repertoire erweitern. Auch Spiele, die auf bestimmte Sinne besonders eingehen, wie auf den Hör- oder Tastsinn, gehören jetzt unbedingt mit in das Spieleprogramm.

Waschtag im Zirkus

Für dieses ruhige Körpererfahrungsspiel finden sich die Kinder in Zweiergruppen zusammen. Jeweils ein Kind ist der Wärter, das andere stellt das Nilpferd dar. Das Nilpferd legt sich bäuchlings auf den Boden bzw. auf eine Matte, der Wärter kniet daneben. Beim „Abspülen" fährt er dem Nilpferd mit beiden Händen den Rücken hinunter, seift es mit kreisförmigen Bewegungen der flachen Hand ein und massiert mit den Fingerspitzen ausgiebig den Rücken des Nilpferdes, bevor er es nach erneutem Abspülen mit sanften Streichbewegungen „abtrocknet". Anschließend werden die Rollen getauscht.

Die Erzieherin erzählt diese oder eine ähnliche Geschichte, zu der die Kinder agieren:

„Heute ist Waschtag im Zirkus. Am Waschtag müssen nicht nur alle Kleider und alle Zirkuswagen sauber gemacht werden, sondern auch die Zirkustiere werden gewaschen. Das macht allen Tieren Spaß, aber am meisten gefällt der Waschtag den Nilpferden. Sie freuen sich ganz besonders darauf, dass ihr Wärter sie abschrubbt.

Als erstes spült der Wärter das Nilpferd ausgiebig mit Wasser ab. So ein Nilpferdrücken ist groß und der Wärter braucht viel Wasser. Danach wird der Nilpferdrücken eingeseift.

Jetzt kommt ein Teil, der dem Nilpferd besonders viel Spaß macht: Sein Rücken wird abgebürstet. Aber Nilpferde sind am Rücken manchmal empfindlich und der Wärter darf nicht allzu wild schrubben.

Nun ist das Nilpferd schön sauber gebürstet und der ganze Seifenschaum muss wieder mit viel Wasser abgespült werden.

Jetzt ist die Nilpferdwäsche beinahe fertig. Der Wärter muss nur noch den Rücken des Nilpferdes abtrocknen."

Lasttier

Die Kinder krabbeln auf allen vieren auf dem Boden und transportieren dabei eine Last auf ihrem Rücken, z. B. ein Kissen, eine Schachtel oder ein Spielzeug. Kann auch als Wettlauf gespielt werden. Dazu ein Ziel abstecken und zwei Kinder zur gleichen Zeit starten lassen.

Wecker suchen

Verstecken Sie einen möglichst laut tickenden Wecker irgendwo im Zimmer. Die Kinder müssen ihn suchen.

Geräusch-Memory

Füllen Sie mehrere leere Filmdosen (oder ähnliches) paarweise mit demselben Inhalt wie Reis, Erbsen, Steine, Sand usw. Schreiben Sie auf den Dosenboden, was sich darin befindet. Hören Sie sich die Geräusche vorher gut mit dem Kind an. Nun darf jedes Kind zwei Dosen schütteln. Hat es die gleichen Geräusche gefunden, darf es noch mal spielen.

Stillespiel

Stellen Sie sich mit dem Kind an das offene Fenster oder gehen Sie in den Garten. Nun verhalten sich alle ganz mucksmäuschenstill und lauschen hinaus. Was ist alles zu hören? Benennen Sie (oder das Kind) die einzelnen Geräusche.

Reifenrollen

Das Kind legt sich in einen großen Autoreifen und wird nun vom Erwachsenen um die eigene Achse gedreht.

Hopp, hopp, ho

Track 49
00:20

Hopp, hopp, ho, Mann,
zieh dem Pferd die Zügel an,
zieh sie nicht so lang an,
dass das Kind auch reiten kann.
Hopp, hopp ... und plumps.

Zu Pferde um die Erde

Track 42
00:21

Hopp, hopp, hopp zu Pferde,
wir reiten um die Erde.
Die Sonne reitet hinterdrein.
Wie wird sie abends müde sein.
Hopp, hopp, hopp.

25

Hopp, hopp, hopp

 Track 41
01:03

Hopp, hopp, hopp,
Pferdchen, lauf Galopp.
Über Stock und über Steine,
aber brich dir nicht die Beine.
Hopp, hopp, hopp,
Pferdchen, lauf Galopp.

Brr, brr, he,
Pferdchen, steh doch, steh.
Kannst ja schon gleich weiterspringen,
muss dir erst noch Futter bringen.
Brr, brr, he,
Pferdchen, steh doch, steh.

Tip, tip, tap,
wirf mich nur nicht ab.
Pferdchen, tu es mir zuliebe,
sonst bekommst du Peitschenhiebe.
Tip, tip, tap,
wirf mich nur nicht ab.

Hopp, hopp, ho,
das Pferdchen frisst kein Stroh.
Muss dem Pferdchen Hafer kaufen,
dass es kann im Trabe laufen.
Hopp, hopp, ho,
das Pferdchen frisst kein Stroh.

Das Kind reitet zu der gesungenen Weise auf den Knien des Erwachsenen.

Hoppe, hoppe Reiter

Track 43
00:19

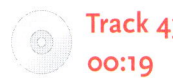

Hoppe, hoppe Reiter,
wenn er fällt, dann schreit er.
Fällt er in den Graben,
fressen ihn die Raben.
Fällt er in den Sumpf,
macht der Reiter plumps.

*Setzen Sie das Kind auf Ihre Knie und
lassen Sie es zum Vers darauf hopsen.
Bei „plumps" lassen Sie das Kind ein
wenig nach hinten kippen, aber natür-
lich halten Sie es dabei gut fest.*

Komm, wir wollen wandern

Track 56
00:18

Komm, wir wollen wandern,
von einer Stadt zur andern,
und wenn dann der König kommt,
kehren wir gleich wieder um.
Komm, wir wollen wandern,
von einer Stadt zur andern.

*Die Kinder stehen zu zweit nebenein-
ander und reichen sich die Hände über
Kreuz. Sie marschieren zum Rhythmus
des Liedes. Bei „kehren wir gleich wieder
um" wenden sie sich um, ohne die Hände
loszulassen, und gehen in die entgegengesetzte Richtung weiter.*

Geht der Peter Nüsse schütteln

Track 64
00:19

Geht der Peter Nüsse schütteln,
Nüsse schütteln,
Nüsse schütteln,
alle Kinder helfen rütteln,
helfen rütteln –
rums.

So reiten jetzt die kleinen Kind

Track 57
01:00

So reiten jetzt die kleinen Kind,
wenn sie noch ganz winzig sind.
Und wenn sie größer werden,
so reiten sie auf Pferden.
Wenn sie groß gewachsen,
so reiten sie nach Sachsen.
Wenn sie kommen zu Verstand,
so reiten sie nach Engelland.
Und dann, nach sieben Sommern,
findt man sie in Pommern.
Von Pommern geht's nach Polen,
dort wollen wir sie holen.
Und sind sie einmal groß und stark,
so reisen sie nach Dänemark.
Und wenn sie nichts mehr haben,
kommen sie nach Schwaben,
reiten vor des Königs Schloss,
schießen drei Pistolen los: Piff, paff, puff!

Es tanzt ein Bi-Ba-Butzemann

Track 6
00:21

Es tanzt ein Bi-Ba-Butzemann
in unserm Haus herum, widibum.
Er rüttelt sich, er schüttelt sich,
er wirft sein Ränzlein hinter sich.
Es tanzt ein Bi-Ba-Butzemann
in unserm Haus herum.

Pitsch, patsch, patsch

Track 54
00:19

Pitsch, patsch, patsch,
durch Regen und durch Matsch.
Und wer hier nicht mehr weiter kann,
der zieht sich Gummistiefel an.
Pitsch, patsch, patsch.

*Setzen Sie das Kind auf Ihre Knie
und lassen Sie es zu den rhythmisch gesprochenen Versen auf
und ab hopsen.*

Gewitter

Track 62
00:25

Es tröpfelt,
es regnet,
es gießt,
es hagelt,
es blitzt,
es donnert.

Alle laufen schnell
nach Hause,
und morgen scheint
die Sonne wieder!

*Mit zwei Fingern jeder Hand langsam klopfen, mit vier Fingern trommeln, lauter und
schneller trommeln, mit den Fingerknöcheln immer wilder trommeln, mit der Zunge „Ssssss"
machen, Hände auf den Rücken nehmen, mit beiden Fäusten auf den Tisch donnern.
Das Kind in den Arm nehmen.*

In dem Walde steht ein Haus

Track 21
00:27

In dem Walde steht ein Haus,
schaut ein Reh zum Fenster raus,
kommt ein Häslein angerannt,
klopfet an die Wand:
„Hilfe, Hilfe! Große Not!
Heute gibt's kein Hasenbrot!"
„Liebes Häslein, komm herein,
sollst nicht hungrig sein."

Mit den Händen ein Dach über
dem Kopf bilden. Die Hand ober-
halb der Augen auf die Stirn legen.
Zeige- und Mittelfinger klopfen an
die rechte Hand. Hereinwinken und
zur Begrüßung die Hand schütteln.

31

Watscheltanz der Gänse

Track 3
00:32

Watschel, watschel, Watschelei,
alle Gänse sind dabei,
watschel hin, watschel her,
rundherum ist auch nicht schwer.
Schnatter, schnatter, schnatter,
flatter, flatter, flatter.
Alle Gänse sind dabei,
bei der Gänseflatterei –
o, da liegt ein Gänseei –
ei, ei, ei.

Das Spiel kann als Tanzspiel oder als Fingerspiel gespielt werden. Es wird durch den Raum gewatschelt, mit Händen und Armen geflattert. Bei „o, da liegt ein Gänseei" werden erfreut die Arme gehoben. Bei „ei, ei, ei" wird vorsichtig ein unsichtbares Ei mit den Händen umschlossen und aufgehoben.

Aus: Minitheater – Fingerspiele und Spielgedichte. Friedl Hofbauer.
© G&G Verlagsgesellschaft mbH,
Wien 2004

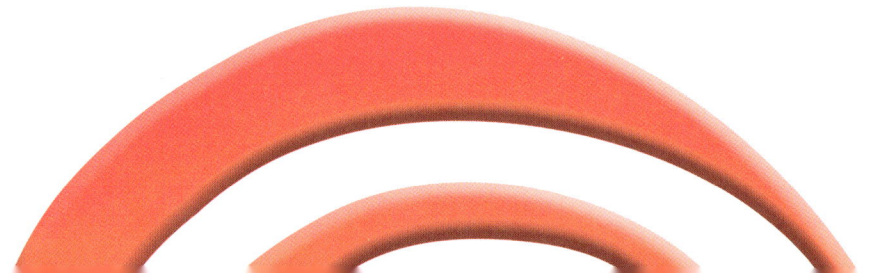

Ri-Ra-Rutsch

 Track 22
00:18

Ri-Ra-Rutsch, wir fahren in der Kutsch'.
Wir fahren mit der Schneckenpost,
wo es keinen Pfennig kost'.
Ri-ra-rutsch, wir fahren mit der Kutsch'.

*Nehmen Sie das Kind auf den Arm. Schaukeln
Sie es zum Rhythmus der Verse hin und her
oder gehen Sie mit ihm im Kreis herum. Noch
größer wird der Spaß, wenn Sie die Verse vor-
singen. Mit älteren Kindern können die Bewegungen tanzend und singend ausgeführt
werden. Dazu steht man zu zweit nebeneinander und reicht sich die Hände über Kreuz. Im
Rhythmus des Liedes wird losmarschiert.*

Im Gänsemarsch

 Track 48
00:36

Wir reisen nach Jerusalem
und wer soll mit?
Die Katze mit dem langen Schwanz,
ja, die soll mit!

Herr Schmidt, Herr Schmidt,
was bringt die Jule mit?
Herr Schmidt, Herr Schmidt,
was bringt die Jule mit?
'nen Schleier und 'nen Federhut,
das steht der Jule gar so gut!
Herr Schmidt, Herr Schmidt,
das bringt die Jule mit!

*Die Kinder stellen sich hintereinander auf und halten sich an den Schultern oder Hüften fest.
Entweder wird gesprochen oder in einer Leiermelodie gesungen. Dazu kann gestampft oder gehüpft und der Vers mit einem Schlusssprung beendet werden. Eine andere Variante ist, dass
am Ende des Verses das letzte Kind der Reihe nach vorne an die Spitze rennt oder das vordere
Kind nach hinten an den Schluss der Kette.*

Trostverse

3

Wenn sich ein Kind wehgetan hat, traurig, verärgert, gekränkt, enttäuscht oder zornig ist, braucht es Trost. Aber der Trost nur mit Worten reicht oftmals nicht aus. Das Kind sollte liebevoll in den Arm genommen, auf den Schoß gesetzt, gestreichelt und gewiegt werden. Das Pusten auf die verletzte Stelle ist eine zusätzliche Trostquelle.

Trostverse lenken das Kind ab und helfen ihm dabei, den Schmerz schneller zu vergessen.

Selbst wenn das Kind die Verse schon längst gut kennt, freut es sich darüber und wird sich von den lustigen Versen beruhigen und zum Lachen bringen lassen.

Heile, heile Segen

Heile, heile Segen,
morgen gibt es Regen,
übermorgen Schnee
und schon tut's nicht mehr weh!

Heile, heile Gänschen

Heile, heile Gänschen,
das Kätzchen hat ein Schwänzchen.
Heile, heile Mäusespeck,
morgen früh ist alles weg!

Heile, heile, Kätzchen

Heile, heile, Kätzchen,
das Kätzchen hat vier Tätzchen,
das Kätzchen hat 'nen langen Schwanz,
bald ist wieder alles ganz.

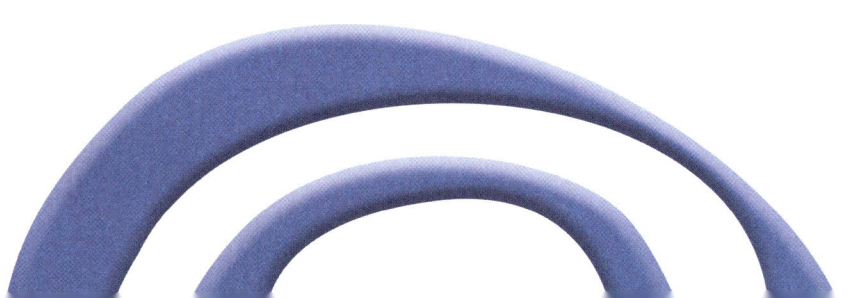

Ich hab' mir mein Kindchen schlafen gelegt

 Track 74
00:20

Ich hab' mir mein Kindchen schlafen gelegt,
ich hab' es mit roten Rosen bestreut,
mit roten Rosen und grünem Klee,
sag mir mein Kindchen, was tut dir denn weh?

Es war einmal ein Würmchen

 Track 79
00:16

Es war einmal ein Würmchen,
das klettert auf ein Türmchen,
da kam ein Stürmchen,
da flog das Würmchen vom Türmchen.

O Jammer, o je

Track 68
00:18

O Jammer, o je,
mein Zahn tut mir weh.
Juchhe und juchhei,
schon ist es vorbei.

Heile, Fingerchen, heile

Track 70
00:17

Heile, Fingerchen, heile,
es dauert noch eine Weile,
es dauert noch bis Rosmarein,
dann ist wieder Sonnenschein.

Mäh, Lämmchen, mäh!

Track 52
00:54

Mäh, Lämmchen, mäh!
Das Lämmchen lief im Klee,
da stieß es an ein Steinchen,
da tat ihm weh das Beinchen,
da schrie das Lämmchen „mäh"!

Mäh, Lämmchen, mäh!
Das Lämmchen lief im Klee,
da stieß es an ein Sträuchelein,
da tat ihm weh das Bäuchelein,
da schrie das Lämmchen „mäh"!

Mäh, Lämmchen, mäh!
Das Lämmchen lief im Klee,
da stieß es an ein Stöckchen,
da tat ihm weh sein Köpfchen,
da schrie das Lämmchen „mäh"!

Wo tut es weh?

Track 66
00:22

Wo tut es weh?
Hol ein bisschen Schnee,
hol ein bisschen kühlen Wind,
dann vergeht es ganz geschwind!

Wo tut es weh?
Trink ein Schlückchen Tee,
iss einen Löffel Haferbrei,
morgen ist es längst vorbei!

Krah, krah, kalter Schnee

Track 76
00:24

Krah, krah, kalter Schnee,
dem Raben tut sein Bein so weh,
dem Has' im Feld sein Herz.
In dunkler Zeit, in kalter Zeit
erwarten sie den März,
der Sonne bringt und Fröhlichkeit:
Vergessen ist der Schmerz!

Denkt euch nur, der Frosch ist krank!

Denkt euch nur, der Frosch ist krank!
Liegt nur auf der Gartenbank,
quakt nicht mehr, wer weiß wie lang,
ach, wie fehlt mir sein Gesang!
Denkt euch nur, der Frosch ist krank!

*Das Kind wird bei allen Trostversen
ganz nah am Körper gehalten und
beim Sprechen der Verse hin und her
gewiegt.*

Tanz- und Singspiele

4

Charakteristisch für die kindliche Entwicklung ist die Verknüpfung von körperlicher Aktivität und kognitiver Leistung. Ein Kind versteht, was es sehen, riechen, hören und begreifen kann. Es erweitert Schritt für Schritt seinen Aktionsradius und damit seinen Horizont. Parallel dazu entwickeln sich das Ich-Bewusstsein, die Kreativität und das Vertrauen in die eigenen Leistungen.

Gerade für kleinere Kinder ist es deshalb wichtig, dass sie unbefangen und spaßbetont ihre körperlichen Leistungen erfahren, ihre Bewegungsmuster ausprobieren und spielerisch verbessern können. Tanzlieder und einfache Bewegungen im Rhythmus selbst gesungener Strophen machen ihnen besonderen Spaß und verschaffen vielgestaltige Bewegungsanreize. Gleichzeitig wird mit den Kreis- und Gruppenspielen das Zusammengehörigkeitsgefühl gestärkt. Nicht zuletzt verbessern die Kinder singendspielerisch ihre sprachliche Ausdrucksfähigkeit. Kinder haben entwicklungsbedingt eine relativ hohe Sprechstimme. Ausgehend von dieser vertrauten Stimmlage sollten die ersten Kinderlieder gemeinsam in hoher Tonlage mit dem Kind gesungen werden. So kann sich der Stimm- und Sprechapparat entwickeln, ohne überfordert zu werden. Im Lauf der Zeit können die Tonhöhen stärker variiert werden.

Tanz- und Singspiele sollten also in jedem Kindergarten, in jeder Kindertagesstätte breiten Raum einnehmen, vor allem für die Kleineren.

Summm, summ, summ

1. Summ, summ, summ! Bien-chen, summ he-rum! Ei, wir tun dir nichts zu-lei-de, flieg nur aus in Wald und Hei-de, summ, summ, summ! Bien-chen, summ he-rum!

2. Summ, summ, summ! Bienchen, summ herum!
   Such in Blumen, such in Blümchen, dir ein Tröpfchen, dir ein Krümchen!
   Summ, summ, summ! Bienchen, summ herum!

3. Summ, summ, summ! Bienchen, summ herum!
   Kehre heim mit reicher Gabe, bau uns manche volle Wabe!
   Summ, summ, summ! Bienchen, summ herum!

Die Kinder laufen zum Lied mit ausgestreckten Armen durch den Raum. Sie können sich auch zu zweit oder zu dritt zusammenfinden, wenn genügend Platz vorhanden ist.

Schmetterling, du kleines Ding

Track 40
00:23

Schmet-ter-ling, du klei-nes Ding, such dir ei-ne Tän-ze-rin!

Juch - hei-ra-sa, juch-hei-ra-sa, oh, wie lus-tig tanzt man da,

lus-tig, lus-tig wie der Wind, wie ein klei-nes Blu-men-kind,

lus-tig, lus-tig, wie der Wind, wie ein Blu-men kind.

Zum Lied laufen alle Kinder los und flattern mit den Händen. Dann finden sie sich paarweise zusammen, halten sich gegenseitig an den Händen und drehen sich im Kreis. Wenn das Lied von vorn beginnt, flattern sie wieder weiter und suchen sich andere Tanzpartner.

Variante:

Die Kinder bilden einen Kreis, halten sich an den Händen und gehen in eine Richtung, während das Lied gesungen wird. Ein Kind in der Kreismitte ist der Schmetterling und flattert mit ausgebreiteten Armen gegen die Laufrichtung der anderen Kinder. Bei „such dir eine Tänzerin" wählt es ein anderes Kind und tanzt mit ihm im Kreis, während die anderen Kinder im Takt klatschen. Das ausgewählte Kind stellt in der nächsten Tanzrunde den Schmetterling dar.

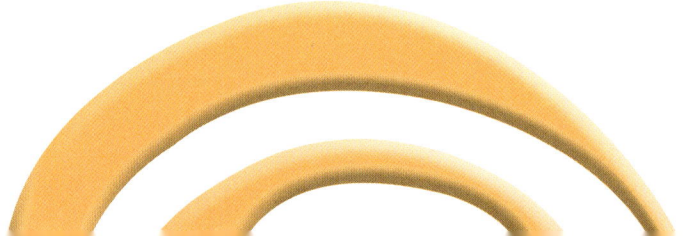

Säge, säge Holz entzwei

Track 13
00:15

Sä - ge, sä - ge Holz ent - zwei: Klei - ne Stü - cke,
gro - ße Stü - cke, kni, kna, knax!

Die Kinder sitzen sich in Zweiergruppen mit weit gespreizten Beinen auf dem Boden gegen-
über und halten sich an den Händen. Sie singen das Lied und ziehen sich gegenseitig im Takt
der Melodie von der einen Seite zur anderen. Am Schluss des Liedes lassen sie die Hände los,
sinken nach hinten zu Boden und strecken sich lang aus.

Jetzt steigt Hampelmann

Track 28
00:19

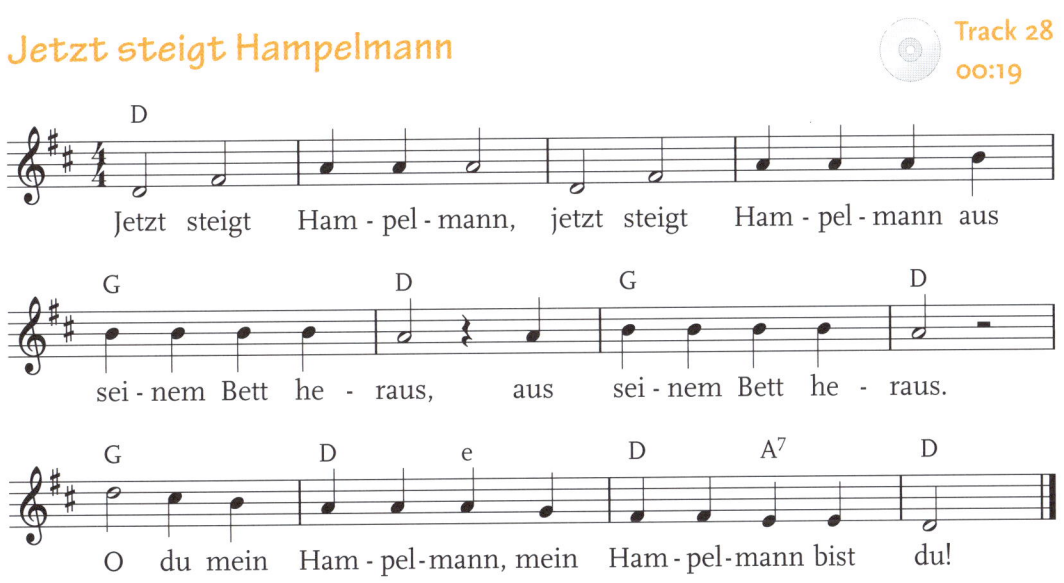

Jetzt steigt Ham - pel - mann, jetzt steigt Ham - pel - mann aus
sei - nem Bett he - raus, aus sei - nem Bett he - raus.
O du mein Ham - pel - mann, mein Ham - pel - mann bist du!

Gemeinsam wird das Lied gesungen und die Bewegung, die im Text vorkommt, nachgeahmt.
Beim Refrain wird im Takt des Liedes der Hampelmann gehüpft.

Ein Männlein steht im Walde

Ein Männlein steht im Wal-de ganz still und stumm, es
hat von lau-ter Pur-pur ein Mänt-lein um. Sag, wer
mag das Männ-lein sein, das da steht im Wald al-lein
mit dem pur-pur-ro-ten Män-te-lein?

Bei diesem Lied geht es darum, möglichst die ganze Zeit über auf einem Bein stehen zu bleiben. Nach einer kurzen Pause wird es erneut gesungen und die Kinder sollen dann auf dem anderen Bein balancieren. Immer zwei Kinder können sich gegenseitig stützen.

Petersilien Suppenkraut

C   F   G   F   C

Pe - ter - si - lien Sup - pen - kraut wächst in un - serm Gar - ten,
uns - re ... ... ist die Braut, soll nicht län - ger war - ten.

F   (G)   C

Ro - ter Wein, wei - ßer Wein, mor - gen soll die Hoch - zeit sein.
und was dann, und was dann, un - ser ... ... ist der Mann.

Im Takt des Liedes geht ein Mädchen im Raum umher und pflückt pantomimisch Petersilie. Bei der Stelle „und was dann" stellt sie sich vor einen Jungen, der sich vor dem Mädchen verbeugt. Die beiden Kinder werden im Lied beim Namen genannt.

45

Schneeflöckchen, Weißröckchen

1. Schnee-flöck-chen, Weiß - röck-chen, wann kommst du ge - schneit?

Du___ kommst aus den Wol - ken, dein___ Weg ist so weit.

2. Komm und setz dich ans Fenster,
   du lieblicher Stern,
   malst Blumen und Blätter,
   wir haben dich gern.

3. Schneeflöckchen, du deckst uns
   die Blümelein zu,
   dann schlafen sie sicher
   in himmlischer Ruh.

Zum Lied tanzen die Kinder leicht schwebend wie Schneeflöckchen durch den Raum. In der zweiten Strophe bleiben die Kinder nach und nach stehen, setzen sich langsam auf den Boden und gehen in der dritten Strophe in Schlafstellung.

Häschen in der Grube

1. Häs-chen in der Gru-be saß und schlief, saß und schlief! Ar-mes Häs-chen, bist du krank, dass du nicht mehr hüp-fen kannst? Häs-lein, hüpf, Häs-lein, hüpf, Häs-lein, hüpf!

2. Häslein vor dem Hunde
   hüte dich,
   hüte dich!
   Er hat einen scharfen Zahn,
   packt damit mein Häschen an,
   Häslein lauf,
   Häslein lauf,
   Häslein lauf!

Gemeinsam wird das Lied gesungen, die Kinder sind dabei in der Hockstellung. Bei „Häschen hüpf" hüpfen sie durch den Raum, sollen sich dabei aber mit den Händen am Boden abstützen, um nicht das Gleichgewicht zu verlieren. Am Ende der zweiten Strophe stehen die Kinder auf und hüpfen durch den Raum.

Dreh dich, kleiner Kreisel

Track 36
00:26

Dreh dich, klei - ner Krei - sel, dreh dich im - mer zu,

rund - he - rum und rund - he - rum, und jetzt kommst du!

Gemeinsam singen alle Kinder das Lied, während sich ein Kind wie ein Kreisel um sich selbst dreht. Die Drehgeschwindigkeit bestimmt das Kind selbst. Am Ende des Liedes zeigt es auf ein anderes Kind, das sich nun wie ein Kreisel drehen soll, aber in die andere Richtung. Das Spiel geht so lange, bis alle Kinder an der Reihe waren.

Ei so klar, wie ein Haar

Track 17
00:16

Ei, so klar, wie ein Haar, hat ge - spon - nen sie - ben Jahr.

Sie - ben Jahr sind um, die „Su - si" dreht sich um.

Die Kinder fassen sich an den Händen und tanzen im Kreis, Gesicht zur Kreismitte. Nacheinander wird jedes Kind im Lied beim Namen genannt und dreht sich um, so dass es mit dem Gesicht nach außen weiter tanzt. Das Tanzspiel ist beendet, wenn alle Kinder sich umgedreht haben.

Ringel, Ringel, Reihe

Rin - gel, rin - gel, Rei - he, sind der Kin - der drei - e,

sit - zen un - term Hol - der - busch, ru - fen al - le:

husch, husch, husch! H. - h. - husch!

*Die Kinder fassen sich an den Händen
und gehen im Kreis, während sie das
Lied singen. Bei „Husch, husch, husch"
gehen alle schnell in die Hocke.*

49

Tanz, Kindlein, tanz!

Track 44
00:26

1. Tanz, Kind - lein, tanz! Die Schu - he sind noch ganz.
2. Tra - la - la - la, hei, hop - sa - sa - sa - sa!

Lass dich nicht ge - reu - en, der Schus - ter macht dir
Tra - la - la - la - la, tra - la - la - la - la - la -

neu - e! Tanz, Kind - lein, tanz!
la - la! Hop - sa - sas - sa!

Im Rhythmus des gemeinsam gesungenen Liedes tanzen die Kinder während der ersten Strophe paarweise mit eingehakten Armen im Kreis. In der zweiten Strophe wird der Tanzpartner gewechselt.

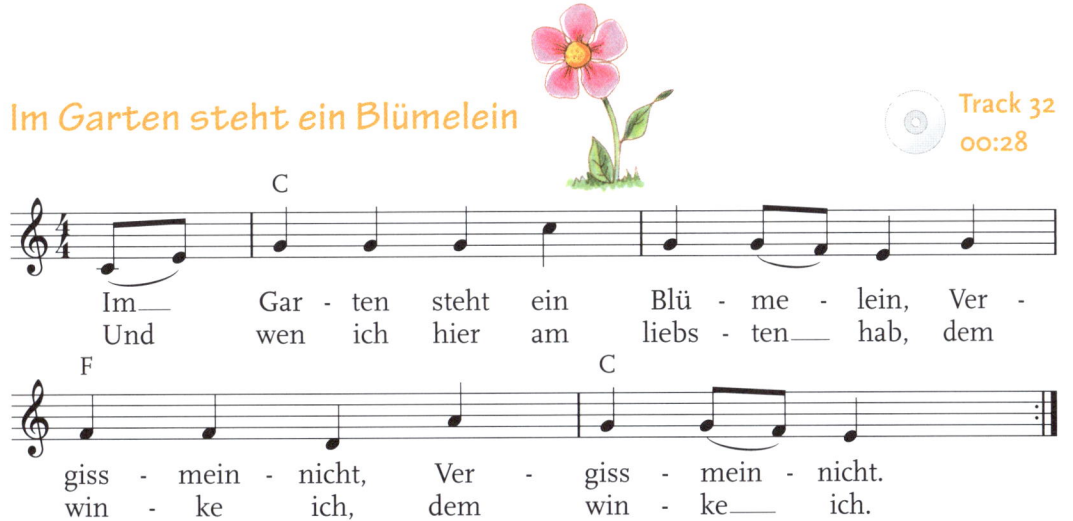

Im Garten steht ein Blümelein

Track 32
00:28

C

Im— Gar - ten steht ein Blü - me - lein, Ver -
Und wen ich hier am liebs - ten— hab, dem

F   **C**

giss - mein - nicht, Ver - giss - mein - nicht.
win - ke ich, dem win - ke— ich.

*Ein Kind steht in der Kreismitte und dreht
sich um die eigene Achse, die anderen
hüpfen im Kreis um das Kind herum.
Am Schluss des Liedes winkt das Kind
einem anderen Kind zu, das dann seinen
Platz in der Kreismitte einnimmt.*

51

Hacke, Spitze, eins, zwei, drei

Track 26
00:24

Ha - cke, Spit - ze, eins, zwei, drei, mei - ne Schu - he

sind ent - zwei. Hätt' ich nicht so - viel ge - tanzt,

wär - en mei - ne Schuh' noch ganz. Va - ter kauft mir

neu - e Schuh', Mut - ter hat kein Geld da - zu.

Die Kinder stehen in einer langen Reihe oder im Kreis und fassen sich an den Händen. Mit dem rechten Fuß werden Hacke und Spitze angetippt, dann ein Seitstellschritt ausgeführt, dasselbe anschließend mit dem linken Fuß. In den ersten vier Silben der letzten Liedzeile gehen alle nach vorn, stampfen bei der fünften Silbe auf. Die folgenden vier Silben gehen sie wieder zurück und stampfen bei der letzten Silbe wieder auf. Dann beginnen Lied und Tanz von vorn.

Variante:

Kleinere Kinder können die Bewegungskombinationen im Takt noch nicht richtig ausführen, tanzen aber trotzdem mit Begeisterung mit.

Das Taubenhäuschen

Track 50
00:42

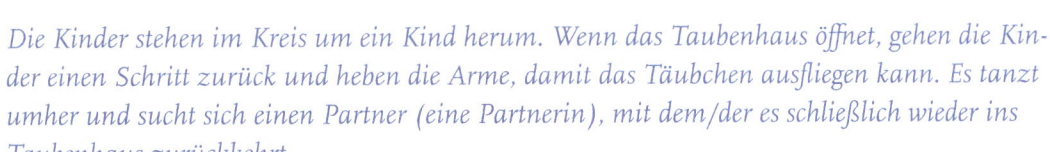

Öff - net jetzt das Tau - ben - häus - chen, öff - net jetzt das
und die Täub - chen flie - gen al - le in die wei - te

Tau - ben - haus, Täub - chen, Täub - chen komm nach Hau - se,
Welt hi - naus.

such dir ei - ne Freun - din aus! Tanz mit ihr 'ne
(ei - nen Freund)—

klei - ne Wei - le, und dann schließt das Tau - ben - haus.

Die Kinder stehen im Kreis um ein Kind herum. Wenn das Taubenhaus öffnet, gehen die Kinder einen Schritt zurück und heben die Arme, damit das Täubchen ausfliegen kann. Es tanzt umher und sucht sich einen Partner (eine Partnerin), mit dem/der es schließlich wieder ins Taubenhaus zurückkehrt.

Variante:

Mit ganz Kleinen kann das Tanzlied auch so umgesetzt werden, dass alle frei umhertanzen, sich zu zweit zusammenfinden und am Schluss des Liedes niederkauern.

Der dicke Tanzbär

Track 4
00:31

Ich bin ein di - cker Tanz - bär und__
Ich such' mir ei - ne Freun - din, ei, da

kom - me aus dem Wald. Ei, wir tan - zen
ist sie ja schon bald.

hübsch und fein von ei - nem auf das and - re Bein.

Das Lied wird gesungen, während ein Kind mit ausgestreckten Armen von einem Bein auf das andere tappt. Es stellt den Tanzbären dar, der sich während des Liedes eine „Freundin" bzw. einen „Freund" aussucht, die oder der mit ihm tanzt. Zum Schluss singen alle Kinder gemeinsam das Lied und tappen wie Tanzbären durch den Raum.

Ich heiße August Fridolin

Track 2
01:05

1. Ich hei-ße Au-gust Fri-do-lin und bin ein schwar-zer Pin-gu-in. Wi-di wap, wap, wap, wi-di wap, wap, wap, wi-di wap, wap, wap, klatsch, klatsch.

2. Und meine Frau heißt Wulliwitsch
   und schwimmt im Wasser wie ein Fisch.
   Widi wap, wap, wap, widi wap, wap, wap, widi wap, wap, wap, klatsch, klatsch.

3. Und unsre Freunde ringsumher
   gehn mit uns nun Richtung Meer.
   Widi wap, wap, wap, widi wap, wap, wap, widi wap, wap, wap, klatsch, klatsch.

4. Wir watscheln an den Meeresstrand
   und kommen 'rum im ganzen Land.
   Widi wap, wap, wap, widi wap, wap, wap, widi wap, wap, wap, klatsch, klatsch.

Ein Kind stellt den Pinguin August Fridolin dar. Die anderen Kinder stehen um ihn herum und alle singen das Lied. Beim zweiten Liedteil klatschen sich alle auf die Schenkel und in die Hände.
In der zweiten Strophe sucht sich August Fridolin eine Frau, die mit ihm watschelt.
In der dritten Strophe stoßen die restlichen Kinder dazu und schließlich watscheln alle durch den Raum.

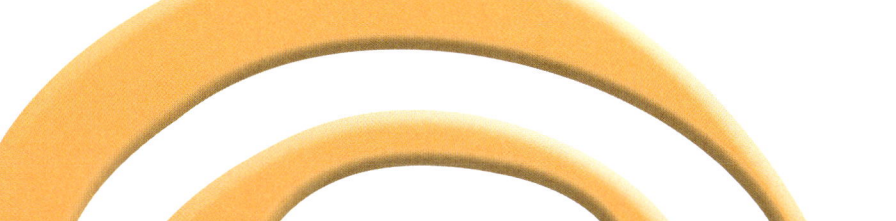

Grün sind alle meine Kleider

1. Grün, grün, grün sind al-le mei-ne Klei-der.
Grün, grün, grün ist al-les was ich hab.
Da-rum lieb' ich al-les was so grün ist,
weil mein Schatz ein Jä-ger, Jä-ger ist.

2. Blau, blau, blau sind alle meine Kleider.
   Blau, blau, blau ist alles was ich hab.
   Darum lieb ich alles was so blau ist,
   weil mein Schatz ein Seefahrer ist.

3. Schwarz, schwarz, schwarz sind alle meine Kleider.
   Schwarz, schwarz, schwarz ist alles was ich hab.
   Darum lieb ich alles was so schwarz ist,
   weil mein Schatz ein Schornsteinfeger ist.

4. Weiß, weiß, weiß sind alle meine Kleider.
   Weiß, weiß, weiß ist alles was ich hab.
   Darum lieb ich alles was so weiß ist,
   weil mein Schatz ein Bäcker, Bäcker ist.

5. Bunt, bunt, bunt sind alle meine Kleider.
   Bunt, bunt, bunt ist alles was ich hab.
   Darum lieb ich alles was so bunt ist,
   weil mein Schatz ein Maler, Maler ist.

Alle Kinder singen das Lied. Wer ein Kleidungsstück in der entsprechenden Farbe trägt, tritt einen Schritt nach vorn und stellt das Handwerk pantomimisch dar. Gemeinsam können weitere Strophen erfunden werden.

Falle, falle, falle

Track 63
00:19

Fal - le, fal - le, fal - le, gel - bes Blatt,

ro - tes Blatt, bis der Baum kein Blatt mehr

hat, weg - ge - flo - gen al - le.

Alle Kinder wirbeln und tanzen durch den Raum, drehen sich dabei vor allem um sich selbst und sinken schließlich zu Boden.

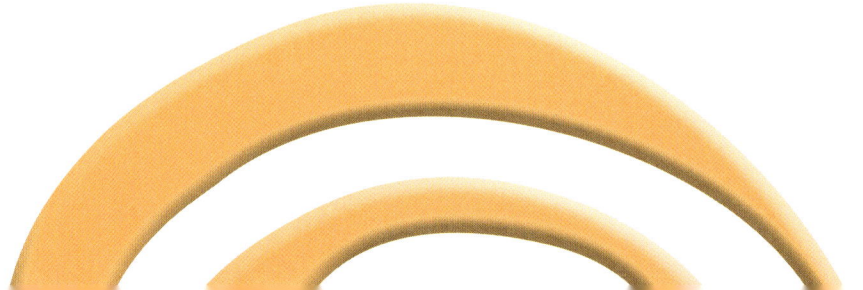

Zisch, zisch, zisch, die Eisenbahn

Track 8
00:38

Zisch, zisch, zisch, die Ei-senbahn, wer will mit, der hängt sich an.

Al - lei - ne rei - sen, mag ich nicht, drum nehm' ich

mir Ma - ri - a mit.
den Mo - ritz mit.
die Mer - le mit.
usw.

Zunächst läuft ein Kind mit kleinen Schritten zum Lied durch den Raum. Am Schluss des Liedes nennt es den Namen eines Kindes, das sich ihm anschließen darf. Nun spielen die beiden Eisenbahn und das zweite Kind darf den Namen eines weiteren Mitspielers nennen, der sich dann anhängen darf. Wenn alle Kinder an die Eisenbahn angehängt sind, wird eine große Runde durch den Raum und eventuell durchs Freigelände gedreht.

59

Laurentia, liebe Laurentia mein

1. Lau - ren - tia, lie - be Lau - ren - tia mein, wann wer - den wir wie - der bei - sam - men sein? Am Mon - tag!

2. Ach wenn es doch schon wieder Montag wär'
   und ich bei meiner Laurentia wär', Laurentia wär'.

3. Laurentia, liebe Laurentia mein,
   wann werden wir wieder beisammen sein? Am Dienstag!

4. Ach wenn es doch schon wieder Montag, Dienstag wär'
   und ich bei meiner Laurentia wär', Laurentia wär'.

   Usw., bis alle Wochentage aufgezählt sind.

Alle Kinder stehen im Kreis oder nebeneinander und fassen einander an der Hand. Gemeinsam singen sie das Lied. Bei „Laurentia" sowie bei jedem Wochentag gehen alle kurz in die Knie. Wenn ein Kind nicht bis zum Schluss durchhält, kann es sich aus dem Kreis lösen und ausruhen.

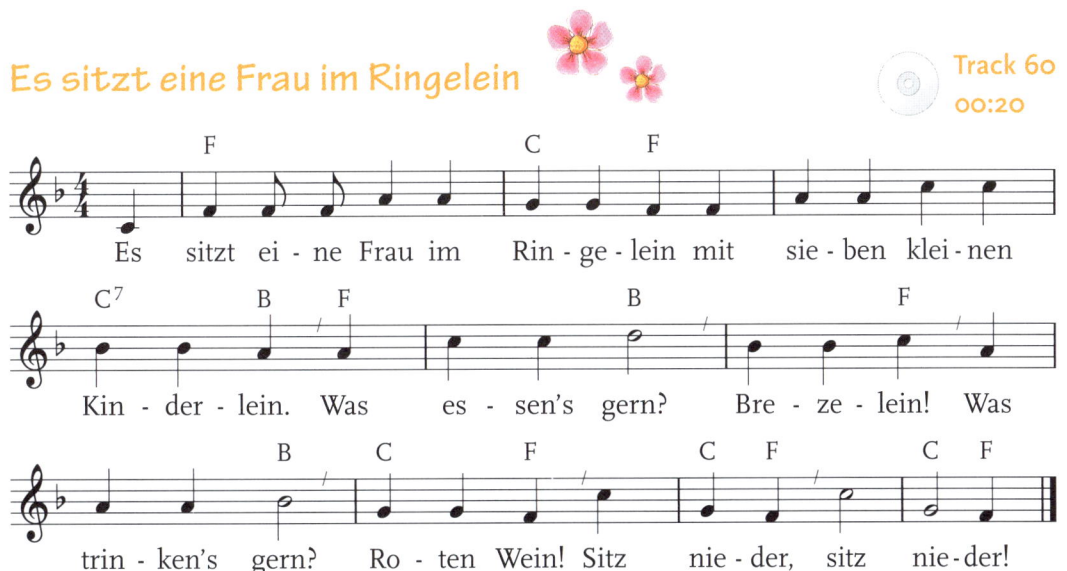

Es sitzt eine Frau im Ringelein

F   C   F

Es sitzt ei-ne Frau im Rin-ge-lein mit sie-ben klei-nen

C[7]   B   F   B   F

Kin-der-lein. Was es-sen's gern? Bre-ze-lein! Was

B   C   F   C   F   C   F

trin-ken's gern? Ro-ten Wein! Sitz nie-der, sitz nie-der!

Die Kinder halten sich an den Händen und gehen im Kreis. An den entsprechenden Stellen im Lied werden Ess- und Trinkbewegungen gemacht, am Schluss des Liedes gehen alle in die Hocke.

Hänsel und Gretel

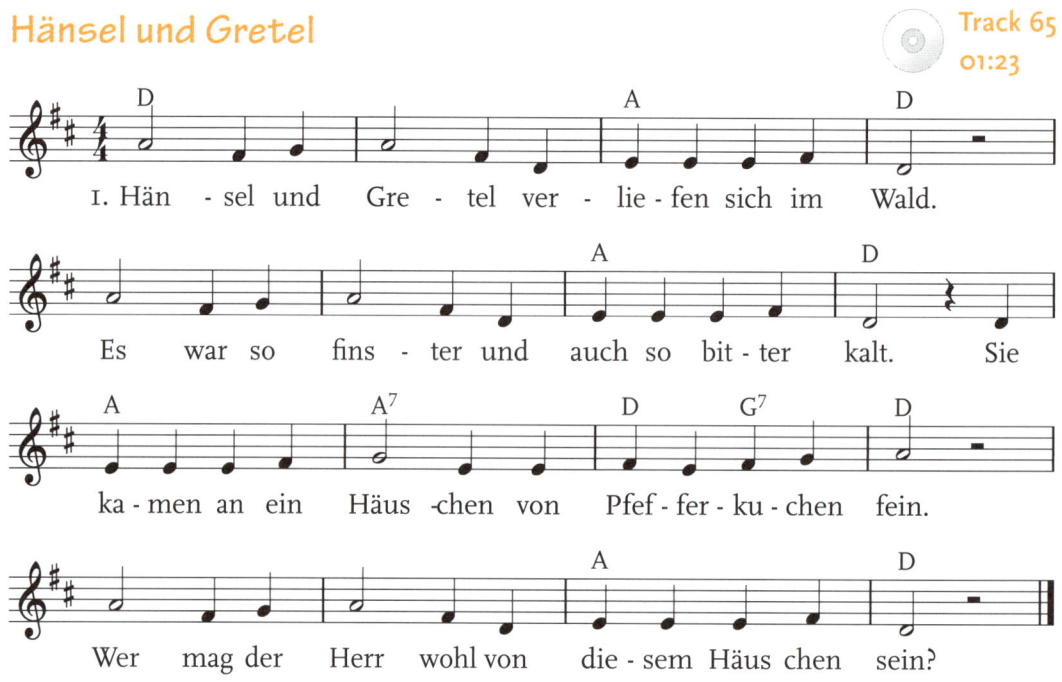

1. Hän - sel und Gre - tel ver - lie - fen sich im Wald.

Es war so fins - ter und auch so bit - ter kalt. Sie

ka - men an ein Häus -chen von Pfef - fer - ku - chen fein.

Wer mag der Herr wohl von die - sem Häus chen sein?

2. Huhu, da schaut eine alte Hex heraus.
   Sie lockt die Kinder ins Pfefferkuchenhaus.
   Sie stellte sich gar freundlich, o Hänsel, welche Not!
   Ihn wollt sie braten im Ofen, braun wie Brot.

3. Doch als die Hexe zum Ofen schaut hinein,
   ward sie gestoßen von Hans und Gretelein.
   Die Hexe musste braten, die Kinder gehn nach Haus!
   Nun ist das Märchen von Hans und Gretel aus.

*Die Kinder versuchen, das bekannte
Märchen beim Singen pantomimisch
nachzustellen. Sie hüpfen zunächst
unbeschwert durch den Raum. Dann
wird das Haus dargestellt, indem die
Hände wie ein Dach geformt werden.
Pantomimisch schaut die Hexe durchs
Fenster. Sie steht bucklig da und lockt
mit dem gekrümmten Zeigefinger.
Zum Schluss tanzen alle Kinder in
einem großen Kreis.*

Der Sandmann

Track 75
00:17

Der Sandmann ist da, der Sandmann ist da, er
hat so schö-nen wei-ßen Sand und ist im gan-zen
Land be-kannt. Der Sand-mann ist da.

Alle Kinder hüpfen im Kreis, ein Kind ist der Sandmann und geht gegen die Hüpfrichtung außen um den Kreis herum. Am Ende des Liedes tippt er ein Kind an, das mit ihm weiter um den Kreis geht. Das Lied wird so lange wiederholt, bis nur noch ein Kind im Kreis hüpft. Dieses Kind darf bei der nächsten Spielrunde der erste Sandmann sein.

Brüderchen, komm tanz mit mir

1. Brü-der-chen, komm tanz mit mir! Bei-de Hän-de reich' ich dir.

Ein-mal hin, ein-mal her, rund-he-rum, das ist nicht schwer.

2. Mit den Füßchen trap, trap, trap, mit den Händchen klapp, klapp, klapp!
   Einmal hin, einmal her, rundherum, das ist nicht schwer.

3. Mit dem Köpfchen nick, nick, nick, mit dem Fingerchen tick, tick, tick
   Einmal hin, einmal her, rundherum, das ist nicht schwer.

4. Ei, das hast du gut gemacht,
   ei, das hätt' ich nicht gedacht!
   Einmal hin, einmal her, rundherum, das ist nicht schwer.

5. Noch einmal das schöne Spiel, weil es mir so gut gefiel!
   Einmal hin, einmal her, rundherum, das ist nicht schwer.

Egal ob zu zweit oder in der großen Gruppe, dieses Bewegungslied macht kleineren Kindern viel Spaß. Zu zweit stehen sie sich gegenüber, reichen sich die Hände, gehen ein paar Schritte zur einen Seite, zurück und drehen sich im Kreis. Die Bewegungen für die weiteren Strophen (stampfen, klatschen, nicken, Fingerticken, Hände reichen) werden entsprechend im Liedtakt ausgeführt. Zum Schluss hängen sich alle mit den Armen unter und drehen sich im Kreis.

Schornsteinfeger ging spazier'n

1. Schorn-stein-fe-ger ging spa-zier'n, Schorn-stein-fe-ger ging spa-zier'n,

ging spa-zier'n, Schorn-stein-fe-ger ging spa-zier'n.

2. Da kommt er an ein großes Haus ...
3. Schaut ein junges Mädchen raus ...
4. „Mädchen, Mädchen, willst mich hab'n ..."
5. „Muss ich erst den Vater fragen ..."
6. „Vater, Vater, darf ich's machen? ..."
7. „Nimm doch lieber 'n Schlossermeister ..."
8. „Schlossermeister bricht die Hand ..."
9. Schornsteinfeger fällt vom Dach ...
10. Und das Mädchen fängt ihn auf ...
11. Morgen soll die Hochzeit sein ...

Dieses Spiellied kann mit größeren Kindern pantomimisch dargestellt werden, kleinere Kinder singen einfach mit und versuchen, die Bewegungsabläufe nachzuahmen, die auch von der Erzieherin vorgemacht werden können.

Klingelingeling, die Post ist da

C
Klin-ge-lin-ge-ling,   die   Post ist da,   klin-ge-lin-ge-ling   aus

C   **F**   **C**
A - fri - ka,   klin-ge-lin-ge-ling,   noch   ei - nen   Schritt,

G   **C**
klin - ge - lin - ge - ling,   und   du   kommst   mit!

*Die Kinder stehen oder sitzen im Raum verteilt.
Ein Kind stellt den Postboten dar, der
zum gemeinsam gesungenen Lied durch
den Raum hüpft. Bei den letzten Worten
tippt er ein Kind an, das sich ihm an-
schließt. Das Spiel geht so lange weiter,
bis alle mit der Post unterwegs sind.*

Aufgabentanz

Material: *CD-Player*

Auf einer Wiese oder einem großen Platz tanzen und hüpfen alle Kinder zur Musik vom CD-Player frei umher. Ein älteres Kind oder die Erzieherin stellt die Aufgaben. Wird die Musik abgeschaltet, dann müssen alle stehen bleiben und zuhören, welche Aufgabe sie erfüllen müssen. Sie folgen den Anweisungen so lange, bis die Musik wieder einsetzt, dann bewegen sich wieder alle wie sie wollen und tanzen im Rhythmus der Musik umher.

Folgende Aufgaben könnten gestellt werden:

- Sich hinsetzen und wieder aufstehen
- Sich in einem großen Kreis aufstellen
- Ganz schnell so viele Hände wie möglich schütteln
- Einem anderen Kind leicht auf den Po klopfen
- Einen bestimmten Stein oder Baum anfassen

Ball– und Ballonspiele

5

Alle Kinder sind von Luftballons und vor allem von Bällen fasziniert. Diese großen, oft verlockend bunten, runden Dinger laden zum Spielen geradezu ein. Doch der Ball ist kein einfaches Spielzeug. Gibt man ihm einen Schubs, rollt er weg. Wirft man ihn auf den Boden oder an die Wand, springt er zurück. Für Kinder sind alle diese Eigenschaften eine Herausforderung. Da gibt es einen Gegenstand, der sich bewegt, eigenständig und doch beherrschbar ist. Im Umgang mit dem Ball lernt ein Kind nicht nur die Gesetzmäßigkeiten, denen dieser wunderbare Gegenstand folgt, sondern es erfährt auch viel über sich selbst. Es lernt seine Fähigkeiten kennen, übt Körperbeherrschung ebenso wie das Beherrschen des Balls. Ballspiele mit anderen Kindern bringen einen weiteren Aspekt ins Spiel: die Interaktion und Kommunikation. Die funktioniert beim Ballspiel problemlos zwischen Groß und Klein, Alt und Jung, Anfänger und Könner. Absprachen, Zuspiel, schließlich Regeln und immer wieder die Geschicklichkeit beim Umgang mit dem Ball oder Ballon machen diese Spiele zu den beliebtesten.

Luftballon

Material: *Luftballons*

Geben Sie den Kindern die Möglichkeit, mit dem Luftballon zu experimentieren und herumzuprobieren. Sie werden staunen wie unterschiedlich die Ideen der einzelnen Kinder sind.

Luftballon-Trampolin

Material: *Luftballons, alter Bettbezug*

Ein alter Bettbezug und viele Luftballons sind die Materialien für dieses Spiel. Die Luftballons werden aufgeblasen und zugeknotet. Dann wird der Bettbezug mit Luftballons gefüllt und gut zugeknöpft, damit die Ballons nicht herauskullern. So entsteht ein großes Luftballonkissen, das zum Turnen und Spielen einlädt. Nacheinander dürfen sich alle Kinder mit ausgebreiteten Armen auf das Kissen fallen lassen, einen Purzelbaum darauf schlagen oder einfach seitlich darüber rollen. Auf glattem Boden lässt sich das Kissen auch durch den Raum ziehen. Ein Kind legt sich auf das Kissen, mehrere andere ziehen es auf dem Kissen eine Runde durchs Zimmer.

Luft-Ballon

Material: *Luftballons*

Die Kinder liegen auf dem Rücken und jedes bekommt einen großen, aufgeblasenen Luftballon. Dieser wird nun in die Luft geworfen und soll mit Armen und Beinen immer wieder angestoßen werden, um so in der Luft zu bleiben. Hat ein Kind seinen Ballon zu stark angestoßen, muss es auf Händen und Füßen über den Boden krabbeln, um ihn wieder zu erreichen.

Luftballons sammeln

Material: *viele Luftballons, Stifte*

Eine größere Anzahl aufgeblasener, gut zugeknoteter
Luftballons wird mitten in den Raum nebeneinander gelegt. Dann dürfen alle Kinder gemeinsam zu den Luftballons
laufen und versuchen, einen oder mehrere Luftballons zu fangen. Das ist gar nicht so einfach, denn die Ballons wirbeln schnell
davon und lassen sich nicht gut festhalten. Wer einen Ballon er-
wischt hat, bringt ihn zur Erzieherin, die für jedes Kind ein indi-
viduelles kleines Zeichen auf den Ballon malt. Dann wird der Ballon
wieder in den Raum geworfen und kann von einem anderen Kind aufge-
sammelt werden.

Ballsitzen

Material: *stabile Bälle, Gymnastikbälle*

Die Kinder bekommen einen Ball, auf den sie sich setzen können. Vorsichtig versuchen
sie, eine stabile Stellung zu finden und aufrecht auf dem Ball zu sitzen. Nun wird der
Ball mit dem Po leicht nach links und nach rechts, nach vorn und nach hinten bewegt.
Großräumige Bewegungen mit den Armen helfen dabei, die Balance zu halten. Anschließend darf sich ein Kind bäuchlings auf einen großen Gymnas-
tikball legen. Andere Kinder halten es an den Beinen fest, so dass
es nicht vom Ball rutschen kann, während das Kind versucht, mit
ausgestreckten Beinen und Armen die Balance auf dem Gym-
nastikball zu finden.

Ballon in der Luft

Material: *ein großer Luftballon*

Luftballons lassen sich auf einfache Weise in der Luft halten. Sie sind so leicht, dass beinahe nichts kaputtgehen kann. Trotzdem empfiehlt es sich, zerbrechliche Dinge aus dem Weg zu räumen und vor allem Hindernisse zu beseitigen, über die die Kinder beim folgenden Spiel stolpern könnten.

Die Kinder verteilen sich im Raum. Ein großer Luftballon wird von der Erzieherin hochgeworfen und die Kinder sollen ihn nun in der Luft halten. Egal, ob sie ihn mit Armen, Beinen oder dem Kopf anstoßen, der Ballon soll nur nicht den Boden berühren. Anfangs werden viele Kinder dem Ballon nachlaufen, doch am besten lässt sich der Ballon unter Kontrolle halten, wenn jedes Kind nur in einem bestimmten Radius agiert und dort dafür sorgt, dass der Luftballon nicht zu Boden geht. Das Spiel kann anspruchsvoller gestaltet werden, indem zum Beispiel der Ballon nur mit den Händen, nur mit der linken (rechten) Hand, nur mit dem Kopf usw. berührt werden darf.

Ball

Als Einstieg bietet es sich immer an, den Kindern die Gelegenheit zu geben, das Material kennenzulernen. Geben Sie erst große, dann weiche, dann kleine Bälle usw. in den Raum und lassen Sie die Kinder experimentieren.

Ballonzug

Material: *Luftballons*

Jedes Kind bekommt einen prall aufgeblasenen, zugeknoteten Luftballon. Dann stellen sich alle hintereinander auf und klemmen ihren Luftballon etwa in Brusthöhe zwischen sich und das Kind, das vor ihnen steht. Auf ein Kommando setzt sich nun dieser Ballonzug langsam in Bewegung. Jeder muss darauf achten, dass sein Luftballon nicht zu Boden fällt. Ganz langsam geht es voran. Der Ballonzug schlängelt sich ein paar Mal durch den Raum, er kann aber auch hinaus ins Freigelände ziehen. Mit der Zeit wird der Zug immer schneller, irgendwann purzeln die Ballons auf den Boden und das Spiel ist beendet.

Ball rollen

Material: *großer, leichter Ball*

Alle Kinder sitzen mit gegrätschten Beinen auf dem Boden. Zwischen ihnen ist viel Platz, so dass ein Ball ungehindert rollen kann. Ein Kind beginnt und rollt nun den Ball einem anderen, ihm gegenüber sitzenden Kind zu. Je nach Geschicklichkeit und Anzahl der Mitspieler kann dieses Ballspiel stark variiert werden: Die Beine werden weit gegrätscht oder bilden eine enge Öffnung, in die der Ball rollen muss; der Ball ist groß und langsam oder etwas kleiner und schneller; die Kinder sitzen weit auseinander oder näher beisammen. Bei kleinen Kindern empfiehlt es sich, zunächst einen  weichen, großen Ball zu verwenden, der mit wenig Kraft gerollt werden kann.

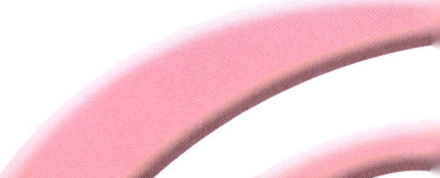

Treppenball

Material: *verschiedene Bälle*

Überall, wo es Treppen gibt, kann Treppenball gespielt werden. Jedes Kind bekommt einen Ball und stellt sich unten an die Treppe. Nun soll es versuchen, den Ball auf die erste Stufe zu werfen. Der Ball rollt zurück, wird wieder aufgenommen und jetzt auf die zweite Treppenstufe geworfen. Je nach Höhe der Treppe und Geschick der Kinder kann dieses Spiel länger dauern. Doch der Reiz, Kraftdosierung, Zielgenauigkeit und Koordination so einzusetzen, dass der Ball die gewünschte Stufe erreicht, lässt die Kinder lang bei diesem Spiel verweilen.

Handball

Material: *verschiedene Bälle, wie Tischtennisball, Gummiball, Tennisball usw.*

Alle Kinder stellen sich in einer Reihe nebeneinander auf. Sie strecken die Arme vor und halten die Hände mit den Handflächen nach oben nebeneinander. Am Anfang der Reihe wird ein Tischtennisball auf die erste Hand gelegt. Der Ball soll nun langsam über die Hände bis zum Ende der Handreihe rollen, ohne auf den Boden zu fallen. Das ist gar nicht so schwer. Schwieriger wird es auf dem Rückweg, denn dann sollen die Hände mit den Handflächen nach unten aneinander gehalten werden. Vorsichtig wird jetzt der Ball über alle Hände zurück gerollt. Nun wird das Spiel mit dem Gummiball

und schließlich mit dem Tennisball und anderen Bällen wiederholt: Von Handfläche zu Handfläche rollt der Ball hin, über den Handrücken rollt er zurück.

Torball

Material: *Ball*

Jeweils zwei Kinder können miteinander Torball spielen. Zwei Stühle markieren das Tor, zwei Tore liegen sich in mehreren Metern Abstand gegenüber. Ein leichter Ball wird in die Mitte zwischen die beiden Tore gelegt und nun beginnt das Spiel. Die beiden Kinder bewegen sich auf allen vieren fort und versuchen, mit dem Kopf den Ball ins gegnerische Tor zu befördern. Den Ball nur mit dem Kopf zu rollen, erfordert Geschick und die Fortbewegung auf allen Vieren Kraft und Ausdauer.

Knetbälle

Material: *Knetmasse*

Eine Kugel zu einem möglichst runden Ball zu formen ist nicht so einfach. Jedes Kind bekommt genügend Knetmasse, um einen Ball in der gewünschten Größe formen zu können. Zwischendurch wird immer wieder ausprobiert, wie gut der Ball rollt, ob er rund genug ist. Die Knetmasse sollte kräftig durchgearbeitet werden, um gut formbar zu sein. Die Bälle können schließlich noch mit Punkten aus andersfarbiger Knetmasse verziert werden. Zum Schluss rollen alle Kinder ihren Ball durch den Raum.

Bauchball

Material: *Bälle*

Die Kinder legen sich auf den Rücken und falten die Hände hinter dem Kopf. Die Erzieherin legt nun jedem Kind einen Ball auf den Bauch. Vorsichtig atmen die Kinder ein und aus, möglichst ohne dass der Ball vom Bauch rollt. Dann sollen sie stärker atmen und den Bauch so herausdrücken, dass der Ball auf den Boden fällt.

Bewegungsball

Material: *Ball*

Die Kinder stellen sich in einem großen Kreis auf. Ein Kind bekommt von der Erzieherin den Ball. Es klatscht in die Hände und rollt den Ball einem anderen Kind zu, das auch in die Hände klatscht. Bevor es nun den Ball zum nächsten Kind rollt, gibt es ebenfalls eine Bewegung vor, etwa mit dem Fuß aufstampfen, auf die Schenkel klopfen, eine Grimasse ziehen usw. Wenn größere Kinder bei dem Spiel mitmachen, müssen diese alle Bewegungen der Kinder, die vor ihnen den Ball gerollt haben, in der richtigen Reihenfolge nachmachen.

Ball schießen

Material: *großer Ball, Tennisbälle, Gummibälle*

Ein großer Ball wird auf den glatten Boden gelegt, die Kinder stellen sich wenige Meter davon auf. Ein Kind nach dem anderen rollt nun seinen Tennis- oder Gummiball mit Kraft auf den großen Ball zu. Wird der große Ball getroffen und rollt ein bisschen weg, rufen alle laut „Hurra". Das Spiel dauert so lange, bis der große Ball gegen ein Hindernis gerollt ist.

Brettball

Material: *Brett, Gummiball oder Tischtennisball*

Jedes Kind bekommt ein Brett (großes Küchenbrett oder ein anderes Brett mit glatter Fläche) und einen Gummiball oder einen Tischtennisball. Nun setzen sich alle auf den Boden, legen den Ball in die Mitte des Bretts und versuchen, den Ball vorsichtig auf dem Brett hin- und herrollen zu lassen. Anfangs werden die Bälle munter hinunter purzeln, doch mit der Zeit gelingt es den Kindern immer besser, ihren Ball unter Kontrolle zu halten.

Tuchball

Material: *Betttuch, verschiedene Bälle*

Die Kinder umfassen das Betttuch, gemeinsam wird versucht den Ball auf dem Betttuch zu halten. Wenn alle am Tuch ziehen, hüpft der Ball in die Luft. Das kann mit unterschiedlichen Ballarten ausprobiert werden.

Zielwurf

Material: *unterschiedliche Bälle und Gefäße*

Hier muss mit verschiedenen Bällen in unterschiedliche Ziele getroffen werden! Als Ziele dienen ein Karton, ein Papierkorb, ein Becher, ein Eimer usw. Als Bälle kommen neben Tischtennisbällen, Tennisbällen und Softbällen unterschiedlich große, jedoch nicht allzu schwere Gummi- und Plastikbälle in Betracht. Die Kinder probieren nun aus, wie gut sie in die verschiedenen Ziele treffen. Jedes Kind wählt selbst die Bälle, Ziele und Abstände für seine Zielwürfe.

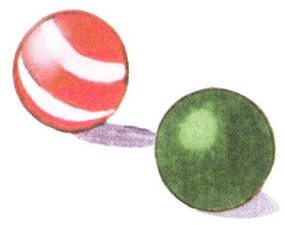

Bewegungs spiele

6

Laufen, fangen, sich nach Herzenslust austoben, aber auch hinhören, sich konzentrieren, sich durch Körperhaltungen und wenige Bewegungen ausdrücken, das alles steht im Mittelpunkt der folgenden Spiele. Bei den großräumigen, bewegungsreichen Aktionen werden vor allem grobmotorische Fähigkeiten, Ausdauer, Bewegungssicherheit, Gleichgewichtsgefühl, Koordination und Ausdauer gefördert. Bei den ruhigeren, „kleinräumigeren" Spielen kommen die feinmotorischen Aspekte und auch Förderung der Konzentrationsfähigkeit dazu. Die Erweiterung der Körpererfahrung und -beherrschung, des sozialen Verhaltens und der Ich-Entwicklung sowie Impulse für die kognitive Entwicklung ist bei der Umsetzung dieser freien, kreativen Spiele ebenfalls immer dabei.

So bewegen sich ...

Als Einstieg zu diesem Bewegungsspiel erzählt die Erzieherin eine Geschichte über ein oder mehrere Tiere oder sie betrachtet gemeinsam mit den Kindern ein Buch, in dem mehrere Tiere abgebildet sind. Dann verteilen sich die Kinder im Raum und ahmen die Bewegungen verschiedener Tiere nach. Wer weiß, wie

- Katzen schleichen,
- Schnecken kriechen,
- Igel sich einrollen,
- Elefanten trotten,
- Häschen hüpfen,
- Vögel fliegen,
- Schlangen sich schlängeln?

Die Kinder erfinden weitere Bewegungsarten zu anderen Tieren. Zum Schluss des Spiels kann jedes Kind eine Bewegung vormachen und die anderen müssen raten, welches Tier damit gemeint war.

Hindernislauf

Material: *Stühle, Körbe, Stöcke und weitere Gegenstände*

Wie die Fangspiele ist auch der Hindernislauf ein beliebtes Spiel, das am besten auf einer Wiese stattfinden sollte. Gemeinsam mit den Kindern stellt die Erzieherin einen Parcours mit Hindernissen auf, an denen man sich nicht verletzen kann (z. B. Stühle, Körbe und Kisten). Dann wird festgelegt, wie der Parcours durchquert werden muss: Um den Baum herumlaufen, unter dem Stuhl durch, über die Kiste steigen, in die nächste Kiste hinein- und wieder hinauskrabbeln, über den auf dem Boden liegenden Stab springen usw.

In kurzen Abständen durchqueren die Kinder nun den Parcours und können sich dabei austoben und gleichzeitig ihre Ausdauer, Koordination und Raumwahrnehmung verbessern.

Raupenlauf

Schon mit sehr kleinen Kindern lässt sich dieser Koppellauf spielen. Je mehr mitmachen, desto besser. Die Kinder gehen auf alle viere und stehen so auf Händen und Knien abgestützt da. Nun umfasst jedes Kind mit beiden Händen die Fußgelenke des Vorderkindes. Sind alle miteinander verkoppelt, bewegt sich die Raupe auf Kommando der Erzieherin langsam fort. Im Raum stehen Tische, Stühle und ein paar andere Hindernisse, denen die Raupe bei ihrem Lauf ausweichen muss.

Fangen auf der Wiese

Fangen und Verstecken gehören schon bei den kleineren Kindern zu den spannendsten Spielen. Der Reiz bei diesem Spiel liegt darin, dass die Bewegungsaktion so lange wie möglich aufrecht erhalten wird und dabei das Ziel, nämlich fangen oder gefangen zu werden, immer kurz bevorsteht. Fangspiele fördern die körperliche Entwicklung eines Kindes in besonderem Maße. Die Muskeln werden beansprucht, Bewegungsabläufe eingeübt und die Motorik gefördert. Kleinere Kinder können die Kräfte und Geschwindigkeiten, die sich beim Laufen entwickeln, noch nicht richtig einschätzen und lenken. Deshalb sollten Fangspiele am besten auf einer Wiese stattfinden.

Ein Kind wird zum Fänger ernannt, die anderen dürfen sich nicht erwischen lassen. Beim Fangspiel mit kleineren Kindern ist es wichtig, dass genügend Freimale vorhanden sind. Dort dürfen die Verfolgten nicht abgeschlagen werden. Genauso gut können sie sich auf den Boden kauern, auch dann dürfen sie vom Fänger nicht abgeschlagen werden. Je nach motorischem Geschick und läuferischer Leistungsfähigkeit der Kinder, kann die Anzahl der Freimale variiert werden, um das Spiel spannend zu halten.

Seiltanz

Material: *Klebeband, Schnur oder Sand*

Ein Stück Klebeband, eine dünne Schnur oder – im Freien – eine Spur aus Sand oder ein Kreidestrich – es gibt genügend Möglichkeiten, worauf Kinder balancieren können. Die Linie muss keineswegs gerade sein – im Gegenteil: eine leicht schlangenförmige Linie macht den Seiltanz besonders interessant.

   Ein Kind nach dem anderen balanciert nun diesen Strich entlang mit weit ausgestreckten Armen, Fuß vor Fuß, ganz vorsichtig. Es kann auch seitwärts oder rückwärts gehen, wenn es sich dieses Kunststück zutraut. Wichtig ist nur, möglichst nicht neben das „Seil" zu treten.

Baum

Alle Kinder versammeln sich um die Erzieherin, die eine Geschichte von einem Baum erzählt. Dabei stellt sie verschiedene Bäume dar und die Kinder machen ihre Bewegungen nach. So gibt es beispielsweise einen dicken Baum, der fest auf der Erde steht. Die Erzieherin stellt sich breitbeinig auf und streckt die Arme wie Äste von sich weg. Oder es gibt einen schlanken, hohen Baum.

   Dann stellt sie sich mit geschlossenen Beinen hin und streckt die Arme senkrecht über den Kopf. Bei Wind bewegen sich die Bäume hin und her. Sie werden gerüttelt und geschüttelt. Ein junger Baum steht noch ganz unsicher – die Erzieherin zieht ein Bein an, mit ausgebreiteten Armen wird die Balance gehalten. In interessante Geschichten verpackt, meistern die Kinder diese Herausforderung für Gleichgewichtssinn, Körperbeherrschung und Konzentrationsfähigkeit ohne Probleme.

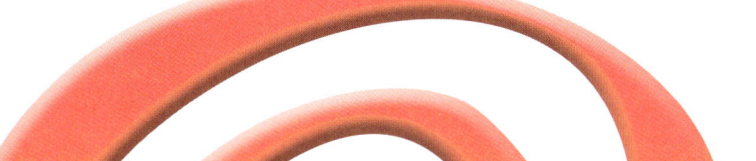

Kästchenhüpfen

Material: *Kreide*

Ein altbekanntes und durch die Jahrhunderte tradiertes Spiel ist das Kästchenhüpfen, „Himmel und Hölle" oder wie auch immer es genannt wird. Hierfür werden mit Kreide Felder auf den Boden im Hof gezeichnet, die nun nach bestimmten Regeln durchhüpft werden müssen. Für kleinere Kinder ist es schon eine spannende Aufgabe, die Kästchen mit beiden Beinen in der richtigen Reihenfolge zu durchhüpfen, ohne die Begrenzungslinien zu berühren. Schwieriger ist es, sich im obersten Kästchen mit einem Hüpfer oder mehreren Hüpfern um sich selbst zu drehen.

Das Kästchenhüpfen ist ein einfaches, aber dennoch anspruchsvolles Spiel, das Kindern viel Spaß macht und das sie oft stundenlang spielen können. Mit etwas Übung gelingen der gezielte Sprung mit dosiertem Krafteinsatz und die Landung recht gut, dann kann das Spiel mit einfachen Mitteln stufenweise anspruchsvoller gestaltet werden. Das Hüpfen im Rhythmus von gemeinsam aufgesagten Versen macht den Kindern am meisten Spaß.

Zimmerbob

Material: *kleine Läufer*

Jeweils drei Kinder bilden zusammen eine Zimmerbob-Mannschaft. Ein Kind setzt sich ans Ende eines Läufers, die beiden anderen heben das andere Ende an und ziehen das Kind über den glatten Boden durch den Raum. Hindernisse wie Tische und Stühle müssen dabei umrundet werden. Oder zwei Zimmerbob-Mannschaften treten zu einem Rennen gegeneinander an.

Überkreuz-Bewegungen

Material: *CD-Player*

Bewegungen, die „über Kreuz" verlaufen, also beispielsweise das gleichzeitige Anheben von linkem Bein und rechtem Arm, aktivieren beide Gehirnhälften und verbessern die Koordinationsfähigkeit deutlich. Die Erzieherin macht die folgenden Übungen vor, die mit Begleitmusik noch mehr Spaß machen und besser gelingen.

- Den linken Arm in die Höhe strecken und das rechte Bein anziehen. Danach den rechten Arm in die Höhe strecken und das linke Bein anziehen.
- Das linke Knie anheben, mit dem rechten Ellbogen das Knie berühren und umgekehrt.
- Mit der linken Hand über dem Kopf und mit der rechten Hand vor dem Bauch kreisende Bewegungen machen, erst in die eine, dann in die andere Richtung. Nach einer Weile die Hände wechseln: Die rechte Hand kreist über dem Kopf, die linke vor dem Bauch.
- Mit der linken Hand einen großen Kreis oder eine große Schleife in die Luft malen, erst links herum, dann rechts herum. Dann die Hand wechseln und mit der rechten Hand malen.

Tunnelkrabbeln

Material: *Tisch, Stühle, Leintücher und Decken, kleine Gegenstände wie Klötzchen, Spielzeug usw.*

Ein Tunnel aus Tischen und Stühlen, die mit Decken und Leintüchern überworfen wurden, wird gemeinsam gebaut. Der Tunnel sollte möglichst lang sein und so groß, dass die Kinder bequem hindurch passen. Ein Kind nach dem anderen krabbelt nun durch den Tunnel und nimmt ein Spielzeug, ein Klötzchen oder einen anderen kleinen Gegenstand mit, den es am Ende des Tunnels wieder abgibt.

Ketten fädeln

Material: *Schnürsenkel, große Perlen, große Knöpfe*

Jedes Kind bekommt einen Schnürsenkel, der am Ende gut verknotet werden muss. Dabei hilft die Erzieherin. Die Kinder setzen sich dann an einen Tisch, auf dem ein Berg aus unterschiedlichen Knöpfen und Perlen verschiedenster Formen und Farben liegt. Jedes Kind sucht sich eine Perle oder einen Knopf nach dem anderen aus und fädelt ihn auf seinen Faden. So entsteht eine kunterbunte Kette, die zusammengeknotet werden kann. Feinmotorik, Handgeschicklichkeit und ein gewisses Maß an Konzentrationsfähigkeit und Geduld spielen hier eine bedeutende Rolle.

Schnellpost

Material: *verschiedene handliche Gegenstände*

Bei der Schnellpost stellen sich alle Kinder in einer Reihe oder im Kreis auf. Die Erzieherin gibt nun einem Kind einen Gegenstand in die Hand. Das Kind nimmt den Gegenstand mit einer Hand, gibt ihn an die andere Hand weiter und reicht ihn dann seinem Nachbarn. Das muss möglichst schnell gehen. Immer wieder müssen sich die Kinder bei diesem Spiel auf unterschiedliche Formen, Gewichte und Beschaffenheiten der Gegenstände einstellen, sie sicher ergreifen und schnell reagieren. Selbstverständlich kommen bei diesem Spiel keine spitzen oder scharfen Gegenstände zum Einsatz. Gut geeignet sind beispielsweise Pinsel, Plastiktassen, Radiergummi, Kugelschreiber, kleine Kissen, Bälle usw. Werden die Gegenstände im Kreis weitergegeben, sollten nicht mehr als drei oder vier Gegenstände (je nach Größe des Kreises) gleichzeitig kursieren. Interessanter wird es, wenn sie im Kreis in verschiedene Richtungen weitergereicht werden.

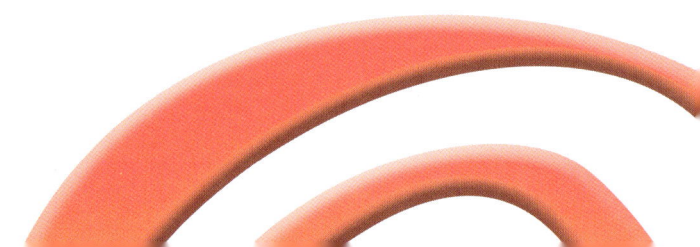

Über den Bach

Material: *Teppichfliesen*

Auf dem Boden werden in unregelmäßigen Abständen Teppichfliesen verteilt. Dann erklärt die Erzieherin, dass diese Teppichfliesen flache Steine sind, die in einem Bach liegen und aus dem Wasser herausschauen. Will man den Bach überqueren, muss man von einem Stein zum anderen gehen und darf nicht daneben treten. Die Kinder versuchen nun, auf die andere Seite des Zimmers zu gelangen und dabei nur auf die Teppichfliesen und nicht auf den Boden zu treten.

Hochwasser

Material: *Zeitungspapier, CD-Player*

Mitten in einem großen Raum oder auf einem Platz werden ein paar Doppelseiten einer Zeitung ausgelegt. Das ist die Insel. Um diese Insel hüpfen und tanzen nun alle Kinder zur Musik. Bricht die Musik ab, flüchten sich alle Kinder schnell auf die Insel, denn nun kommt das Hochwasser. Wer auf dem Zeitungspapier Platz findet, bekommt keine nassen Füße. Dann spielt die Musik wieder, das Hochwasser geht zurück und die Kinder hüpfen wieder um die Insel herum.

Die Erzieherin reißt nun etwas Zeitungspapier ab. So wird die Insel immer kleiner und beim nächsten Hochwasser müssen sich die Kinder enger auf der Insel zusammendrängen. Mit der Zeit wird es immer schwieriger, einen Platz auf der Insel zu finden.

Die Kinder helfen sich gegenseitig und halten einander fest, um vor dem Hochwasser Platz auf der Insel zu finden. Diese wird so lange kleiner, bis die Kinder nicht mehr enger stehen können.

Rollmops

In einem großen Raum werden die Möbel zur Seite gestellt, denn für das Rollmopsspiel braucht man viel freie Fläche. Ideal ist es, wenn im Raum ein Teppich oder Teppichboden liegt.

Die Kinder finden sich in Dreiergruppen zusammen. Ein Kind legt sich auf den Boden, macht sich stocksteif und die beiden anderen rollen es langsam und vorsichtig durch den Raum. Sobald der Rollmops an der anderen Raumseite oder an einem Hindernis angelangt ist, erwacht er zum Leben und ein anderes Kind wird zurückgerollt.

Fliegen wie die Flugzeuge

Bei diesem Aktionsspiel verteilen sich die Kinder in einem großen Raum oder besser noch auf einer Freifläche. Sie bewegen sich zu den Anweisungen der Erzieherin mal schneller und mal langsamer im Kreis in einer Richtung.

„Stellt euch vor, ihr seid Motorflugzeuge. Lange habt ihr nur herumgestanden und durftet nicht fliegen, aber endlich ist es wieder soweit und ihr dürft abheben. Streckt langsam eure Arme hoch, bis sie waagerecht stehen. Das sind die Flügel. Ohne Flügel kann ein Flugzeug nicht fliegen. Das Flugzeug startet, ihr geht also langsam los. In kleinen Schritten geht's vorwärts, ihr werdet immer schneller und plötzlich hebt ihr ab. Sanft gleitet ihr durch die Luft. Ihr fliegt ein Stück geradeaus und dann dreht ihr ab. Jetzt fliegt ihr in die entgegengesetzte Richtung, bevor ihr wieder eine Kurve fliegt. In den Kurven liegen die Flügel schräg in der Luft und das Flugzeug wird in den Kurven langsamer. Passt auf, dass ihr nicht aneinanderstoßt. Jedes Flugzeug muss genug Platz haben. Jetzt fliegt ihr einen großen Kreis. Der Kreis wird enger, dann wieder weiter, jetzt fliegt jedes Flugzeug für sich allein und jedes passt auf, dass es nicht mit einem anderen zusammenstößt. Langsam landen die Flugzeuge wieder, eines nach dem anderen. Wenn sie stehen, klappen die Flugzeuge ihre Flügel wieder herunter."

Die Kinder „landen" nacheinander, breiten eventuell Matten oder Liegedecken aus und legen sich auf den Rücken.

„Das war ein anstrengender Flug. Schließt eure Augen und atmet tief ein und aus. Überlegt, was ihr als Flugzeug in der Luft alles erlebt habt. Wie sahen die Häuser und die Leute von oben aus? Atmet ruhig und gleichmäßig."

Variation:

Bei weiteren Bewegungsspielen können die Kinder mit dem Auto, in der Kutsche, auf dem Pferd oder als Vogel unterwegs sein.

Wattelauf

Material: *Wattebäusche oder Daunenfedern*

Bei Windstille kann dieser besondere Wettlauf im Freien stattfinden, sonst besser in einem großen geschlossenen Raum. Die Kinder stellen sich nebeneinander auf. Jedes hat eine kleine Feder oder ein kleines Stück Watte auf der flachen Hand liegen und hält den Arm ausgestreckt vor sich. Nach dem Startsignal gehen nun alle so schnell wie möglich auf das Ziel zu, doch das Wattebäuschchen darf dabei nicht von der Hand fallen. Wessen Wattebausch von der Hand fällt, der muss einen Schritt zurückgehen. Das Spiel ist zu Ende, wenn alle Kinder am Ziel angekommen sind.

Tausendfüßler

Material: *Ball*

Alle Kinder stellen sich hintereinander mit gegrätschten Beinen auf. Das vorderste Kind beugt sich nach vorn und rollt einen Ball durch die Beine aller anderen Kinder. Das letzte Kind aus der Tausendfüßlerreihe nimmt den Ball, läuft nach vorn, stellt sich an den Kopf der Reihe und schickt den Ball wieder auf die Reise durch den ganzen Tausendfüßler. So bewegt sich der Tausendfüßler langsam, aber stetig vorwärts. Auf seinem Weg durch den Raum oder durch das Freigelände muss er manchmal auch Hindernisse umgehen, und dabei gilt es, frühzeitig auszuweichen.

Schleichen

Im Freien stellen sich die Kinder in einem großen Kreis auf, mit dem Gesicht nach außen. Dann machen alle ihre Augen zu und horchen auf die Geräusche, die sie hören. Ein Kind, das von der Erzieherin ausgewählt wurde, schleicht nun leise wie ein Indianer in etwa drei Meter Entfernung um den Kreis herum.

Es versucht, sich möglichst geräuschlos zu bewegen. Wenn ein Kind im Kreis glaubt, den schleichenden Indianer gehört zu haben, hebt es wortlos den Arm. Hat es den Indianer gehört, darf es mit ihm den Platz tauschen. Oder die Erzieherin legt in der nächsten Spielrunde fest, wer wie ein Indianer schleichen darf.

Tücherlauf

Material: *Tücher, Tamburin*

Die Kinder verteilen sich in einem großen Raum oder draußen auf einer freien Fläche. Jedes Kind hat ein Tuch, das es an zwei Ecken hält. Zum Takt des Tamburins, das die Erzieherin schlägt, bewegen sich die Kinder durch den Raum. Dabei halten sie das Tuch hoch über dem Kopf, so dass es beim schnelleren Gehen lustig flattert. Die Erzieherin schlägt das Tamburin abwechselnd langsamer und schneller. Wenn sie es ganz schnell schlägt, halten die Kinder das Tuch vor die Brust und lassen es los. Durch den Luftwiderstand wird es an den Körper gepresst und fällt nicht zu Boden. Werden die Kinder langsamer, müssen sie ihr Tuch wieder festhalten. Zum Schluss hüpfen die Kinder langsam durch den Raum und schwenken ihr Tuch abwechselnd mit der linken und rechten Hand in großen Kreisen neben und über sich.

Im Rückwärtsgang

Ein Stück Waldweg mit mehreren kleinen Hindernissen und Kurven oder das Freigelände mit Spielgeräten und Büschen ist die ideale Strecke für dieses Spiel. Die Kinder gehen einen Weg ab und legen dabei den Start- und Zielpunkt fest.

Ein Kind nach dem anderen geht dann los und versucht, den eben festgelegten Weg rückwärts zurückzulegen. Vorsichtig und ohne Hast setzt es einen Fuß hinter den anderen. Es kommt nicht darauf an, das Ziel schnell zu erreichen, sondern möglichst den Weg nicht zu verlassen, Hindernisse rechtzeitig zu erkennen und ihnen auszuweichen. Eventuell kann der Weg zu zweit gegangen werden: ein Kind geht vorwärts und unterstützt das andere, das rückwärts geht.

Fußkünstler

Material: *Abdeckfolie, Zeitungen, Tapetenrollen, Wasserfarben oder Fingerfarben, Pinsel*

Zur Vorbereitung dieses Spiels wird der Fußboden gut mit einer Plastikfolie und Zeitungspapier ausgelegt, damit keine Farbe durchdringen kann. Alle Kinder haben Kleider an, bei denen Farbkleckse nicht tragisch sind.

Dann ziehen alle ihre Schuhe und Strümpfe aus, denn bei diesem Spiel wird mit den Füßen ein Bild gemalt. Zum Anrühren der Farben dürfen die Hände zu Hilfe genommen werden, doch dann gilt es, ein selbst erfundenes Motiv „frei Fuß" auf ein Stück Tapetenbahn zu bringen. Wenn die Kinder ihre Bilder fertig haben, darf jedes den anderen erklären, was es gemalt hat.

Seiltänzer

Ein sehr kurzweiliges Spiel ist das Balancieren. Die Kinder balancieren, indem sie einen Fuß vor den anderen setzen und einer Linie auf dem Boden folgen. Wie ein echter Seiltänzer im Zirkus. Wer es den Seiltänzern nachmachen will, streckt seitlich die Arme aus, um das Gleichgewicht besser halten zu können. Unsichere Kinder dürfen an die Hand genommen werden.

Material: *Bücher, Plastikbecher, kleine Kissen*

Die Erzieherin hat mehrere Gegenstände gesammelt, die die Kinder nun balancieren sollen. Ein kleines Buch etwa kann ohne Probleme auf der Hand balanciert werden, aber es auf dem Kopf oder auf dem Ellbogen zu balancieren ist sehr viel schwieriger. Die Erzieherin macht vor, wo und wie man Kissen, Becher, Holzklötzchen usw. balancieren kann. Vielleicht schaffen es die Kinder, mit einem kleinen Buch auf dem Kopf oder mit einer Münze auf dem Ellbogen ein paar Schritte zu gehen.

Spieleregister

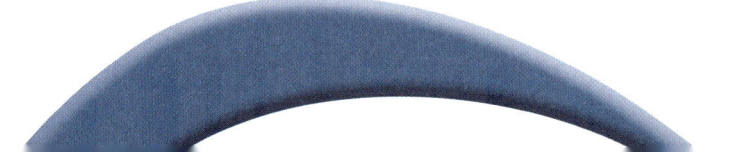

Trackliste

Die Produzenten der CD

Dorle Ferber, Hartmut E. Höfele und Tobias Escher

KinderMusikTheater Firlefanz

Unsere Live-Programme und unsere CD-Produktionen begeistern die ganze Familie: Auf Kulturveranstaltungen, Festivals, in Schulen, bei Stadtfesten, und in Kitas ... Überall, wo ein anspruchsvolles Kindermusikprogramm gewünscht wird.
Dabei sprechen wir die unterschiedlichsten Altersgruppen an. Mit Solokonzerten & Lesungen, Duo-Gastspielen und Workshops; Moderation, Fortbildung oder Konzeption & Durchführung einer gelungenen Veranstaltung.

Hartmut E. Höfele, langjähriger Musikproduzent, Liedermacher und Kinderbuchautor, gründete das Kindermusiktheater FIRLEFANZ, realisierte für Sony-Music, Deutsche Grammophon, Ökotopia u. a. jede Menge aufwendige Hörspiel- und Musikszenarien und bietet bei Live-Auftritten mit seiner beeindruckenden Bühnenpräsenz ein fröhliches Hörvergnügen für die ganze Familie.
www.firlefanz-kinderlieder.de

Marlene Günther hat schon in der Grundschule ihr Talent für Texte und Musik entdeckt und war als Sprecherin und Sängerin auf zahlreichen Produktionen des Kindermusiktheaters Firlefanz zu hören. Nach einem Studium der Theater- und Medienwissenschaft und zahlreichen Erfahrungen in der Branche, bringt sie neben ihrer Sänger- und Sprechertätigkeit heute selbst Jugendliche auf die Bühne und schreibt eigene literarische und journalistische Texte.

Dorle Ferber, Sängerin, Geigerin, Komponistin, Chorleiterin, Autorin, Pädagogin, lebt am Bodensee, schreibt & musiziert gerne für Kleine und Große. Sie arbeitet seit Jahren mit Hartmut E. Höfele zusammen.
www.dorle-ferber.de

Lenya Krammes, begleitet das Singen seit der frühen Kindheit. Sie nahm im Alter von 6 Jahren erste Kinderlieder-Produktionen im Studio von Hartmut E. Höfele auf, und das ganze 10 Jahre lang. Die zahlreichen Aufnahmen u. a. für die Sendung mit der Maus und den Ökotopia-Verlag sind bis heute präsent und beliebt in Kinderzimmern, Schulen und Kindergärten.
www.lenyakrammes.de

Günter Geisinger, Sozialpädagoge, Gründungsmitglied des Kindermusiktheaters FIRLEFANZ, spielt bei den „Midnight Toker" die Gitarre. Gitarrist & Akkordeon & Arrangements. Mitglied des kultigen Odenwälder Shantychors.
www.midnight-tokers.de
www.shantychor.de

Leona Unrath, die junge Stimme im Ensemble. Leona spielt Geige und singt & schwingt und wirkt bei unseren Wortbeiträgen im DADA-ODEN-STUDIO als betonungssichere Sprecherin mit.

Ariane Kadel & Alina Hamann, die beiden Teenager unserer Studiocrew, begleiteten schon viele CD-Projekte von Hartmut E. Höfele mit Gesang & Stimme & Stimmung.